Volkhardt Preuß

Spiegel und Träne

Kontrapunktische Strenge
und der Affekt der Trauer

Herstellung und Verlag:
BoD - Books on Demand, Norderstedt
ISBN 978-3-7460-3236-8

Inhalt

Vorwort

Man kann es schon fast eine stillschweigende Übereinkunft nennen, daß es in der Musik wie auch in den anderen Künsten und Wissenschaften zwei Instanzen gibt, die unsere Haltung gegenüber den Werken und deren Wirkung auf uns weitgehend bestimmt: das Gefühl und den Verstand. Dabei wird immer wieder die eine Instanz gegen die andere ausgespielt. Eine Fuge Bachs wird beispielsweise bereitwilliger der kognitiven Sphäre zugeordnet als die Kinderszenen Schumanns, die eher der „romantischen", und damit geradezu zwangsläufig der Gefühlsebene, zugesprochen werden.

Die Beispiele ließen sich unendlich fortsetzen und lassen sich schließlich zurückführen auf die Antinomie von Kunst und Wissenschaft, wobei im Allgemeinen erstere als gefühls-, letztere als verstandesbetont begriffen werden. Ich denke jedoch, daß beide Ebenen zwei Seiten einer Medaille sind und sich nicht einander ausschließend, sondern gegenseitig ergänzend verhalten, um sich letztlich in jenem Rätsel zu verheiraten, das wir den *Geist* nennen. Dabei kann man genügend Zeugen finden, die für eine solche Synthese überzeugend eintreten. Schumann etwa, der die zwei alter Egos seiner Seele herauslöst und personifiziert, indem er ihnen Namen gibt: Florestan, den „wilden" Gefühlsmenschen, und Eusebius, den „milden" Rationalisten. Den Mathematiker Carl Friedrich Gaus kann man nennen, von dem man sagt, er sei angesichts der Schönheit einer Formel in Tränen ausgebrochen. Augustinus, der schrieb, daß die „perfecta delectatio", das vollkommene Erfreuen, erst durch die „perfecta cognitio", das vollkommene Verstehen, möglich sei. Ich würde anhand dieser Dialektik zaghaft eine Definition von „Kitsch" versuchen: Schönheit ohne Struktur hat kein Skelett, Struktur ohne Schönheit hat kein Blut.

Ich möchte mit diesem Text einen kleinen Beitrag für eine Vereinigung dieser beiden Aspekte in der Musik leisten, indem ich die These „Verstand" und deren Antithese „Gefühl" präzisiere: die Rede soll sein von „Kontrapunkt" bzw. „kontrapunktische Strenge" und „Trauer". Dabei werde ich die Vereinigung beider nicht im Sinne bloßer Hermeneutik betreiben. Was ich also nicht beabsichtige ist, komplexe kontrapunktische Werke mit einer außermusikalischen Geschichte der Trauer aufzuladen, ihnen also eine poetische Idee oder ein emotionales Begleitprogramm zu verpassen. Vielmehr möchte ich nachweisen, daß es möglich ist, das Meistern schwerer musikalisch-kontrapunktischer Aufgabenstellungen selbst als Akt der Trauer zu verstehen.

Um das zu zeigen, werde ich den Zusammenhang von kontrapunktischer Strenge und Trauer noch weiter fokussieren, nämlich auf das Begriffspaar *Spiegel* und *Träne*. Unterfüttern werde ich diesen Gedanken mit einem Blick auf die niederländische und spanische Malerei des 15. und 16. Jahrhunderts. Denn auch dort kann der Spiegel als ikonografisches Symbol für die Träne dienen. Das ist auf die Musik übertragbar. Zahlreiche Beispiele weisen darauf hin, daß die Kunst des Spiegels (oder der Umkehrung) etwas mit der Träne, also dem Affekt der Trauer, zu tun hat.

Um das zu zeigen, gehe ich folgenden Weg: Die vorliegende Arbeit hat zwei Teile. Im ersten Teil untersuche ich die Begriffe, die den Titel bestimmen. Zunächst widme ich mich der *Trauer*. Ich werde Aspekte zusammentragen, die diesen Seelenzustand in der Musik, Kunst und Literatur ausmachen und, mit Blick auf Schubert und Schostakowitsch, auch die künstlerische Ausformung der Melancholie und der Depression ansprechen. Dann werde ich den Begriff *Affekt* genauer beleuchten und ihn von der *Empfindung* und der *Rhetorik* abgrenzen. Schließlich wird es um die *historische* Bedeutung der *kontrapunktischen Strenge* gehen. Was heißt „Strenge" und, damit verbunden, „Komplexität" überhaupt? Drei Gegensatzpaare werden hier eine Rolle spielen: Das erste ist *Difficulta* (Schwierigkeit) und *Facilita* (Leichtigkeit), das zweite besteht in der Unterscheidung zwischen *ornamentalem* und *comprehensivem* Kontrapunkt, und das dritte Paar besteht im Spannungsfeld zwischen *Wahrnehmung* und *Erkenntnis*.

Der Weg durch diese drei Antinomien mit ihren Gegensätzen und Schnittmengen wird mich schließlich zum Phänomen des *vertikalen* und *horizontalen Spiegels* in der Musik führen. Dabei beziehe ich den doppelten Kontrapunkt in die Betrachtungen mit ein. Im Zentrum wird eine Trauermusik stehen, die Dietrich Buxtehude auf den Tod seines Vaters geschrieben hat, zwei kontrapunktische Bearbeitungen auf den Choral *„Mit Fried und Freud ich fahr dahin"*. Beide nennt Buxtehude *Contrapunctus,* und beide werden auf unterschiedliche, komplexe Weise gespiegelt. Der Begriff „Contrapunctus" wird auch von Bach in seiner *Kunst der Fuge* verwendet, und der Spiegel spielt in diesem Zyklus auch eine zentrale Rolle. Das legt die These nahe, daß die Aufgabe der kontrapunktischen Übung Buxtehudes, den Affekt der Trauer in sich zu tragen, auch auf die Kunst der Fuge Bachs zutrifft. Ich werde die These vertreten, daß angesichts dessen die Kunst der Fuge kein unvollendeter Zyklus ist, sondern eine vollendete Trauermusik, ein kontrapunktisch äußertst komplexes *Klaglied,* um dieses Wort Buxtehudes zu zitieren.

Mein Weg führt dann weiter zu den *Goldbergvariationen* J.S. Bachs. Hier geht es um Bachs schriftliche Notiz unter dem 6. Doppelkanon aus den 14 Kanons über die ersten 8 Takte des Goldbergbasses, BWV 1087: „*Christus coronabit cruzigeros*", „Christus krönte die Gekreuzigten". Eine rätselhafte Notiz, deren Spur ich nachgehen werde.

Schließlich begebe ich mich in das 20. Jahrhundert, um mich Dimitri Schostakowitsch zuzuwenden, genauer seinem 8. Streichquartett und seiner 8. Sinfonie. Beide stehen in „Beethovens Tonart" c-moll. Es geht um zwei kontrapunktisch strenge Werke, die in unterschiedlicher Weise den Spiegel zum Gegenstand haben und gleichzeitig in erschütternder Weise die Depressionen Schostakowitschs in Musik gießen. Dabei werden die *Fuge* und die *Passacaglia* die musikalischen Gattungen sein, die durch ihre Strenge seine Seelenwelt am klarsten abbilden.

Am Ende meiner musikalischen Reise wird Bela Bartók stehen - der erste und dritte Satz aus seiner *Musik für Saiteninstrumente, Schlagzeug und Celesta.* Hier interessiert mich vor allem die Frage nach der musikalischen *Heimat* Bartóks, oder seinen „Heimaten": einerseits die Alte Musik, vor allem Frescobaldi und Bach, und anderseits die Musik Südost-Europas, wie sie in seinen Transkriptionen und Morphologien der Milman-Parry-Sammlung überliefert ist. Das erstere zeigt sich in der Spiegelfuge des ersten Satzes, letzteres in der übersättigten und fast schon geräuschhaften Ornamentatik des dritten Satzes. Die Überlieferung der in Serbo-Kroatien über Hunderte von Jahren verwurzelten Melodien und die kontrapunktische Strenge Frescobaldis und Bachs, die bei Bartók auch eine Kunst der Spiegelung ist, reichen sich die Hand und fühlen sich, so empfinde ich es, verbunden im Verlust seiner künstlerischen und seelischen Verwurzelungen durch das Trauma der Emigration.

Wer in dem folgenden Text eine streng musikologische Methode erwartet, wird möglicherweise enttäuscht. Hierzu ein grundsätzliches Wort. Ich glaube, es zählt zum Wesen großer Musik wie großer Kunst im Allgemeinen, uns die Möglichkeit zu geben, ihr aktiv gegenüber zu treten. Das geschieht, indem wir, um es mit Bertholt Brecht zu sagen, zu „Nachschaffenden" werden. Unsere Fantasie wird angeregt, Dinge zu assoziieren, unser Gedächtnis wird angeregt, uns zu erinnern und unsere Neugier wird angeregt, Erwartungen zu entwickeln, die mit dem, was dann wirklich geschieht, in einen kraftvollen Dialog treten. All das geschieht, indem wir uns vom Werk an die Hand nehmen lassen. Im Gegensatz zu rein wissenschaftlicher Anamnese gibt es hierbei jedoch keinen Anspruch auf eine objektive oder vollständig beweisbare Wahrheit. Wir bewegen uns in einem Assoziationsraum der Ideen, Aspekte und Möglichkeiten, allesamt freigesetzt durch die Musik und die Kunst selbst.

Mit anderen Worten: Es ist auch vorstellbar, das Phänomen kontrapunktischer Komplexität unter dem Aspekt der *Heiterkeit* zu betrachten, jener stillen Freude etwa, mit der ein Kind konzentriert einen Turm baut und ihn hinterher wieder einreißt. Das wäre dann die Heiterkeit des kreativ schaffenden Menschen, das innere Lächeln des Gelingens oder das achselzuckende Lächeln des Scheiterns. Auch das können wir, wenn wir wollen, in der Kunst der Fuge entdecken. Der offensichtliche Gegensatz zur These der Trauer und der Träne aber ist nur scheinbar. Denn beides sind Möglichkeiten, die *gleichzeitig* im Werk angelegt sind und latent existieren. Bei welcher von ihnen wir Anker werfen ist unserer Kreatitivität überlassen, die morgen oder übermorgen wieder zu ganz anderen Ergebnissen kommen kann. Denn ein lebendiger Diskurs mit der Dynamik und Vielfarbigkeit eines Werkes erlaubt den Wandel. Es ist der spielerische Reiz des Experiments, des Versuchs und der Vermutung, der die Musik, ganz gleich aus welcher Epoche, immer wieder neu zur Uraufführung bringt. Das Aufregende an der Entdeckung großer Werke ist, daß sie uns dazu bringen, uns selbst zu provozieren. Hieraus gewinnen wir die Kraft, immer wieder von vorn zu beginnen.

Hamburg, im Juli 2017

1. Der Affekt der Trauer

Traurige Musik

„Es gibt keine lustige Musik." Diesen Satz soll Schubert gesagt haben, als er als Komponist der „lustigen Ländler" angesprochen wurde. Tatsächlich zeigt sich eine tief inwendige Traurigkeit in der Musik Schuberts wie bei kaum einem anderen Komponisten. Ist es die Traurigkeit des Schaffenden oder liegt es im Wesen der Kunst selbst, traurig zu sein? Rilke schreibt, daß Kunstwerke stets „von einer unendlichen Einsamkeit" befallen seien.[1] Zwar meint er damit, daß die Kunst unanfechtbar sei gegenüber jeglicher Kritik, doch schließt das auch jenen romantischen Topos der Fremdheit und der Einsamkeit ein, der sich in der Kunst äußert und bar jeder Heiterkeit ist, selbst - oder gerade - in den Momenten, die an der Oberfläche heiter zu sein scheinen, wie die überwiegende Anzahl von Schuberts Ländlern, seine frühen Sinfonien, wie auch der erste Satz der 5. Sinfonie oder das Scherzo der späten B-Dur-Klaviersonate.

Ganz offen liegt die Trauer dem *Trauermarsch,* gewissermaßen als Programm, zugrunde. Er ist eine Gattung vornehmlich der romantischen Musik, für die sich zahlreiche Beispiele finden lassen.[2] Wohl das berühmteste ist der Trauermarsch aus der Klaviersonate b-moll op. 35,2 von Chopin - wobei ich persönlich im Dur-Trio

---

[1] Rainer Maria Rilke, Briefe an einen jungen Dichter, 2. Brief an Kappus vom 5. April 1903

[2] Im Hochbarock finden sich demgegenüber nur wenige Trauermärsche. Ein berühmtes Beispiel ist der Trauermarsch aus dem 3. Akt von Händels Oratorium „Saul", HWV 53.

des Marsches eine ungleich tiefere Trauer empfinde als im düsteren Moll des Marsches selbst. Doch war Chopin nicht der erste, der den Trauermarsch zu einer Ausdrucksgattung der Kunstmusik erhoben hat. Wie vieles in der Romantik, so geht auch das auf Beethoven zurück. Denken wir an den zweiten Satz seiner 7. Sinfonie op. 92 (den man allerdings auch als stilisierte Pavane hören kann), den dritten Satz seiner Klaviersonate As-Dur op. 26 und an den zweiten Satz der 3. Sinfonie op. 55. Die letzten beiden sind *„sulla morte d'un Eroe"*, auf den Tod eines Helden, geschrieben. Der tote Held wird betrauert, der im Kampf gefallen ist, weil er als „wahrer Mensch", wie George Bernhard Shaw in seinem „Wagner-Brevier" die Helden nennt, versuchte, den Göttern das Feuer zu stehlen: als ein *Geschöpf des Prometheus*. Der Trauermarsch steht hier für das Scheitern der prometheistischen Unverfrorenheit, nur daß Beethoven mit dem Feuer die *Freiheit* meint. Ich möchte darauf hinweisen, daß es zusätzlich zu den expliziten Trauermärschen eine Vielzahl von Trauermarsch-Andeutungen im Werk Beethovens gibt, die sich aber nicht vollständig entfalten. Ich denke an das Adagio aus der Klaviersonate d-moll op. 31 Nr. 2, die Takte 17ff., besonders an die triolierenden Oktavtremoli der linken Hand. Das, obwohl der Satz in Dur steht und im Dreiviertel-Takt. Zwei Kriterien, die den Trauermarsch konterkarieren, und doch schwingt er im Hintergrund mit. Solches finden wir auch bei Schostakowitsch, nämlich insofern, als seine Passacaglien trotz ihres Dreiviertel-Taktes den unbarmherzig gleichmäßigen Schritt des Trauermarsches in sich tragen. Denken wir nur an die f-moll-Passacaglia aus dem 1. Violinkonzert op. 99 oder die gis-moll-Passacaglia aus der 8. Sinfonie op. 65, der ich mich später detailliert zuwenden werde.

Streng, wie ein Kondukt

Der *Kondukt* ist heute noch, vor allem im österreischen Sprachgebrauch, gleichbedeutend mit einem Trauerzug. Gustav Mahler überschreibt den ersten Satz seiner 5. Sinfonie *„Streng. Wie ein Kondukt"*. Hier geht es aber nicht um ein Heldenbegräbnis wie in Beethovens 3. Sinfonie, sondern um einen grausamen, sinnlosen Soldatentod. Der Trauermarsch wird bei Mahler zu einer bizarren und brutalen Fratze. Das gilt nicht nur für den Kondukt der 5. Sinfonie, sondern auch für die Trauermärsche seiner Lieder aus „Des Knaben Wunderhorn": *Revelge, Der Tambourg'sell,* und *Wo die schönen Trompeten blasen.* In seiner 5. Sinfonie ist es das *F-Dur-Adagietto,* das den soldatischen Marsch überführt in eine tief inwendige und existenzielle Trauerkantilene, deren Thema der unabwendbare Abschied ist - *„Leb' wohl, mein Saitenspiel",* wie es im Adagio der 10. Sinfonie heißt.

Ethymologisch geht das Wort „Kondukt" auf den gregorianischen *Conductus* zurück. In der Ars Antiqua des 12. Jahrhunderts war es die Aufgabe dieses Gesanges, das Herein- oder Herausschreiten hoher Würdenträger zu begleiten. Das setzte eine relativ strenge und „schreitende" Rhythmik voraus. Diese stand ganz im Gegensatz zur ornamentalen Freiheit und räumlichen Statik des schweifenden Organums mit seinen überlangen Cantus-firmus-Tönen in der Vox principalis: dieses Organum war Himmelsmusik, Engelsgesang, Musik jenes himmlischen Jerusalem, von dem Johannes in seiner Offenbarung spricht. Die Metrisierung des Conductus aber ist ein *irdisches* Phänomen. Sie macht den Gesang irdisch, indem sie die körperliche Erfahrung des Schreitens und die sprachlich-poetische Erfahrung der Vermaße aufgreift. Beides organisiert den rhythmischen Fluß der Melodie nach Hebung und Senkung, lang und kurz.

Diese Form schreitender Strenge hat sich musikalisch wie ethymologisch auf den Trauermarsch übertragen. In dessen Gefolge steht die Passacaglia, die durch ihr Dreiermaß eigentlich näher am Conductus steht als der Trauermarsch selbst. Denn auch der Conductus hat ein Dreiermetrum, das sich aus einem kurzen und einem langen Wert als Baustein zusammensetzt. In der schwarzen Mensuralnotation des Franco von Köln werden daraus Mitte 13. Jahrhunderts die Brevis und Longa, deren Verhältnis zueinander Franco mathematisch präzisiert. In dieser kurzen Genealogie sehen wir die kategoriale Nähe der Strenge zur Trauer (Conductus) und zur Ratio, nämlich zur Proportionslehre der Mathematik (Mensuralnotation).

Folgen wir diesem Gedanken, so kommt fast schon zwangsläufig die *Fuge* ins Spiel. Bei Beethoven gehen in der 3. und 7. Sinfonie die Trauermärsche in eine Fuge über. Indem die Fuge erscheint, geschieht etwas erschütternd Bedeutsames. Sie wirkt gleichzeitig archaisch und heroisch. Sie fordert unsere gesamte und unbedingte Aufmerksamkeit. Ihre äußere kontrapunktische Strenge erwächst organisch aus der rhythmischen und affektiven Strenge des Kondukts und steigert sie.

Auch das *Adagio ma non troppo* aus der Klaviersonate op. 110 ist eigentlich einTrauermarsch, der sich den Mantel der Klavierfantasie umgelegt hat. Nach der Kantilene, die ein Zitat der Arie *„Es ist vollbracht"* aus der Johannespassion Bachs ist, ersteht die Fuge, einmal in der Originalgestalt und einmal im Spiegel, *„con alcune licenze"*, mit einigen Lizenzen. Diese Fuge hat eine andere Gestalt als die beiden Fugen aus den Trauermärschen der 3. und 7. Sinfonie. Wenn wir beim Bezug zur Johannespassion bleiben, so liegt es nahe, hier die *Auferstehung* zu assoziieren. Das aber nicht im heroischen Sinne der 3. Sinfonie, nicht also im Sinne des Bach'schen *„Der Held aus Juda siegt mit Macht"*, sondern im

Sinne einer Transzendenz, einer unverdienten Erlösung, eines Erwachens. Ich glaube, die These ist bei Beethoven berechtigt, nicht die christliche Auferstehung als Erlösungsmythos in den Vordergrund zu stellen, sondern dessen Hegelianische Transformation, die die Auferstehung als „sinnliche Darstellung der absoluten Geschichte der göttlichen Idee" auffaßt: „dessen, was *an sich* geschehen ist und was *ewig* geschieht."[3] Ich erinnere mich, daß Claudio Arrau die Sonate bis zu dem Zeitpunkt, wo die Fuge erscheint, mit geschlossenen Augen spielte. Beim Eintritt in die Fuge öffnete er die Augen.

Eine ähnlichen Übergang finden wir in den Goldbergvariationen beim Übergang von der 25. zur 26. Variation; von der langsamen Mollvariation, die das Zentrum des Zyklus bildet mit ihrem ungeheuren Abstieg, zur 26. Variation mit ihrem Aufstieg, der alles neu macht und einen Sog entwickelt in den Schluß hinein, in das Quodlibet als Fluchtpunkt und endlich in die Aria als Heimfahrt.

Das 8. Streichquartett in c-moll von Dimitri Schostakowitsch ist eine Trauermusik *„für die Opfer des Faschismus und des Krieges"*. Letztlich aber, nach eigenem Bekunden, ist es seine eigene Trauermusik, *„gewidmet dem Angedenken an sich selbst"*, wie er es in einem Brief an seinen Freund Isaak Glikmann ausdrückt. Auch diese seine Trauermusik, die Musik seiner Depression, beginnt mit einer Fuge. Ihr Thema besteht aus dem Anagramm von Schostakowitsch, den Initialen seines Namens: D-Es-C-H. Die Nähe zu dem Anagramm Bachs ist offensichtlich. Das Thema hat eine archaische Aura des *Stilo antico,* des alten Stils und strengen Satzes, wie auch die oben erwähnte Fuge Beethovens aus seiner Klaviersonate op.110.

---

[3] Karl Philipp Fischer, *Speculative Charakteristik und Kritik des Hegel'schen Systems,* Heyder, Erlangen 1845

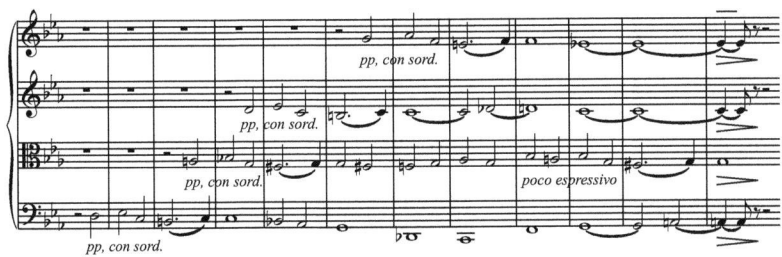

Beispiel 1
Schostakowitsch, 8. Streichquartett c-moll, Ziffer 70

Zwei weitere Beispiele möchte ich noch erwähnen, bei denen die Trauer mit kontrapunktischer Strenge verheiratet ist. Das eine ist die Trauermotette *„Déploration sur la mort de Ockeghem"*, die „Klage auf den Tod von Ockghem" (1497), von Josquin de Pres. Es ist eine strenge und komplexe Cantus-firmus-Bearbeitung des

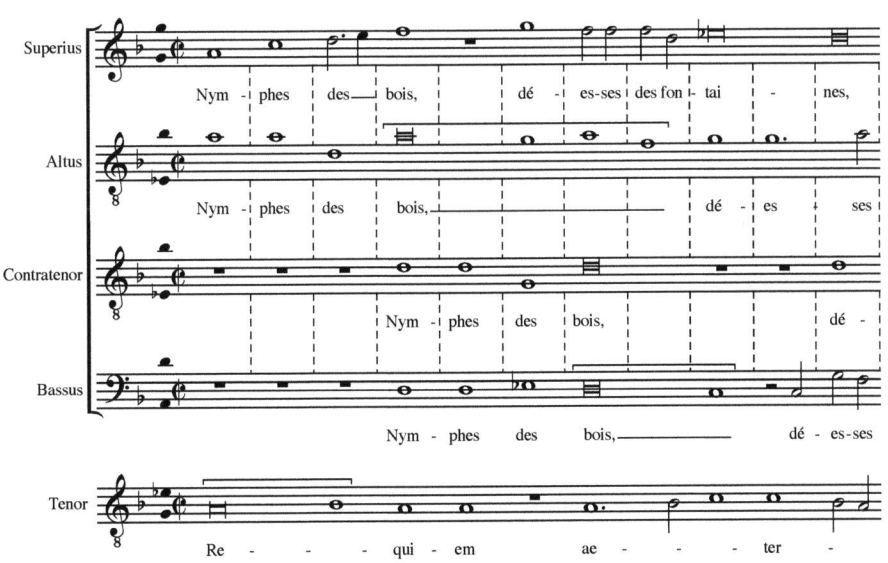

Beispiel 2
Josquin, Nymphes des bois, Anfang

gregorianischen *Requiem*. Der Cantus firmus ist eingewoben in eine Vertonung des Gedichtes *„Nymphes des bois“*, ein Trauerpoem auf den Tod von Ockghem von Jehan Molinet.

Wir sehen drei Imitationsmotive: Der Halbton (die phrygische Tenorklausel) im Cantus firmus (a-b-a) wird im Baß in der Unterquinte imitiert (d-es-d) und im Superius wieder aufgegriffen („fontaines“). Die fallende Quint im Alt (Baßklausel a-d-a) wird in der Unterquinte im Contratenor imitiert (d-g-d). DerTerz-Sekund-Zug im Alt (ab der 6. Brevis g-a-f-g) wird im Superius segmentiert und in Minimen diminuiert („des fontaines“). Im Grunde können wir hier eine *Fuga* bewundern, die drei Soggetti hat. In der musikalisch-rhetorischen Figurenlehre entspricht das einer *Metalepsis*. In diese Fuge nun ist der Cantus firmus des gegorianischen Requiems eingepaßt. Er liefert die Motivik des ersten Soggettos, die phrygische Tenorklausel.

Das zweite Beispiel ist von Dietrich Buxtehude und ist eine Trauermusik auf den Tod seines Vaters, entstanden im Jahre 1674. Sie besteht aus zwei Bearbeitungen des Chorals *„Mit Fried und Freud ich fahr dahin“*, die er „Contrapunctus“ nennt. Diese beiden Contrapunctus werden in außerordentlich strenger und komplexer Weise gespiegelt. Diese Spiegelungen nennt er „Elaboratio“, Ausarbeitungen. Eine dieser Ausarbeitungen spiegelt den gesamten vierstimmigen Satz, sowohl die Anordnung der Stimmen als auch die Melodik der einzelnen Stimmen an einer horizontalen Achse, die zwischen Alt und Tenor liegt.

Beispiel 3
Dietrich Buxtehude, „ Mit Fried und Freud ich fahr dahin“,
Contrapunctus II und Evolutio

Die Elaboratio der ersten Fassung bringt einen doppelten (oder umkehrbaren) Kontrapunkt in der Oktave. Die Melodik der Stimmen bleibt in der Originalgestalt erhalten, nur die Anordnung der Stimmen im Satz wird gespiegelt.

Beispiel 4
Dietrich Buxtehude, „Mit Fried und Freud ich fahr dahin",
Contrapunctus I und Evolutio

Der Bezug zu Bachs *Kunst der Fuge* ist offensichtlich, aus zwei
Gründen: Erstens überschreibt Bach seine Fugen auch mit dem
Begriff „Contrapunctus", den er sonst nirgends verwendet. Es liegt
die Vermutung nahe, daß er ihn von Buxtehudes Trauermusik
übernahm. Immerhin war er Schüler von Buxtehude, und es ist
anzunehmen, daß er dieses Werk kannte. Und zweitens spielt der
Spiegel in der Kunst der Fuge auch eine zentrale, wenn nicht *die*
zentrale Rolle. Daß die Kunst der Fuge eine Enzyklopädie kontrapunktischer Strenge ist, ist klar. Ist sie auch ein Trauergesang?

Trauer, Melancholie, Depression

Eine präzise Unterscheidung zwischen Trauer, Traurigkeit und Trübsal zu treffen ist kaum möglich. Vielleicht kann man folgendes sagen: Trauer ist ein existenzielleres Gefühl als Traurigkeit, die eher eine Gemütsverfassung ist, eine *Empfindung*, um diesen Begriff der Aufklärung zu verwenden. Traurigkeit kann einen sentimentalen Beigeschmack haben, Trauer niemals. Die Trauer ist untrennbar mit Verlust und Abschied verbunden. Sie ist daher im Bewußtsein der Endlichkeit alles Seienden verankert. Im christlichen Kontext ist die Trauer untrennbar verbunden mit der Passionsgeschichte und der Kreuzigung. Dennoch ist eine wirklich klare Begriffsgrenze kaum möglich. „Ihr habt nun *Traurigkeit*", so heißt es immerhin im „Deutschen Requiem" von Brahms.

Trauer und Melancholie gehören einer musikalischen Ausdruckswelt an. Doch gibt es einen Unterschied: Die Trauer zählt in der Affektenlehre des 16. bis 18. Jahrhunderts zum Kanon der Grundaffekte. Die Melancholie war demgegenüber jedoch kein Affekt, sondern eine *Krankheit*. Das Wort *Melancolia* (griech.) heißt übersetzt die „*schwarze Galle*" - so wurde sie von Hippokrates im 5. Jh. vor Christus beschrieben. Nimmt dieser Saft im Körper überhand, so führt das jenem bedrückenden Seelenzustand. Der berühmte Holzstich „*Melencolia*" von Albrecht Dürer zeigt deren Wesen in beeindruckender Weise.

Der Engel ist „incurvatus in se" (lat.) „in sich gekrümmt". „Incurvatus in se", so hat Luther eigentlich die Sünde definiert. Das ist umso bemerkenswerter, als man mit einem Engel keineswegs eine solche Verfassung assoziieren würde. Durch die Putte im Zentrum des Bildes wird unsere Erinnerung an die niedlichen

Engelchen Tizians geweckt, die am Fuße der Assunta verträumt gen Himmel schauen. Dadurch aber wird der Gegensatz zum „gefallenen Engel" umso deutlicher. In der Tat macht es uns Dürer möglich, an Mephisto zu denken, indem er eine Sanduhr als Requisite installiert. Goethe läßt Mephisto sagen:

Albrecht Dürer,
Melencolia I (1514),
Staatsgalerie Stuttgart

„Ich bin der Geist, der stets verneint,
und das mit Recht,
denn alles was entsteht
ist wert, daß es zugrunde geht."

Die Sanduhr ist ein Emblem der Vergänglichkeit und der daraus abgeleiteten Vergeblichkeit allen menschlichen Tuns und Strebens. „Et in vanitas vanitatum vanitas", so schreibt der Prediger Salomo im Alten Testament, „Denn es ist alles eitel" - wie im ersten der *„Vier ernsten Gesänge"* von Johannes Brahms, der in seiner grübelnden Ernsthaftigkeit in eine geradezu archaische Düsternis absteigt. Diese Musik von Brahms, wie auch die Passacaglia aus seiner 4. Sinfonie, ist wie eine Musik gewordene „Melencolia" Dürers.

In dem Film „Tod in Venedig" von Luchino Visconti nach der gleichnamigen Novelle von Thomas Mann ist eine zentrale Szene die, in der Gustav von Aschenbach (dessen Alter Egos Gustav Mahler, Arnold Schönberg und Adrian Leverkühn sind) zu seinem Freund Alfred über die Vergänglichkeit und die Unbarmherzigkeit der Zeit spricht. Auch er zieht das Bild der Sanduhr heran:

> *„...Zu Beginn ist noch soviel Sand in der oberen Kammer, und es rinnt so wenig Sand nach unten, daß es scheint, der Sand wird nie weniger werden. Doch am Schluß geht es ganz schnell und scheint schnell gegangen zu sein. Doch das ist noch so lange hin, daß es des Denkens daran nicht wert ist. Und plötzlich ist ist es zu spät, daran zu denken..."*

Und in Thomas Manns „Zauberberg" heißt es:

> *„Es ist das lautlos schmale Strömen durch die Enge des Stundenglases [...] Ein aufgeschlagen Buch, ein Totenschädel, und im Gestell, im leicht gefügten Rahmen das dünne Doppelhohlgebläse, darin ein wenig Sand, dem Ewigen entnommen, als Zeit sein heimlich und heilig beänstigend Wesen treibt..."*

Vielleicht können wir folgende Zusammenfassung versuchen: Die Traurigkeit ist eine Empfindung, die im Moment entsteht. Die Trauer hat einen Anlaß, der mit Abschied im weiteren Sinne und dem Tod im letztendlichen Sinne verheiratet ist. Die Melancholie transzendiert den Anlaß zur Trauer zu einem dauerhaften Zustand.

Die Trauer ist gesund und aktiv, indem sie sich äußert und durch Weinen und Klagen entlädt. Die Melancholie ist erstarrt und in sich gefangen. Historisch gesehen ist diese *Erstarrung* mit dem Begriff der Depression vergleichbar, der den Begriff der Melancholie seit den 1930er Jahren zusehens ersetzt. „Erstarrung", so heißt auch ein Lied aus Schuberts *Winterreise,* und tatsächlich führt der Weg des Wanderers in die Erstarrung, modern gesprochen also in die Depression. Selbst der ersehnte Tod erlöst ihn nicht. Denn auch der „Totenacker" in dem Lied „Das Wirtshaus" erweist sich als „unbarmherzige Schänke", die ihn abweist, „nur weiter denn, nur weiter, mein treuer Wanderstab", doch wohin? Das letzte Stadium dieser Erstarrung, die vollkommene Lähmung, ist der Leiermann. Trifft hier der Wanderer seinen Gott, in Gestalt des „wunderlichen Alten"? Auch bei Dante ist der achte Höllenkreis der des ewigen Eises, nur daß dort Luzifer sitzt, der gefallene Engel. Und auch Mary Shelley verbannt das Geschöpf Frankensteins in das ewige Eis.

Die Melancholie als Krankheit zu begreifen, deren Wesensmerkmal die Erstarrung und das In-sich-gekehrt-sein ist, ist jedoch nur ein Aspekt dieses Zustandes. Doch es gibt noch einen anderen, der von großer Bedeutung ist in Bezug auf die Kunst im Allgemeinen und die Musik im Besonderen - ein Aspekt, der auf dem Stich Dürers in faszinierend allegorischer Weise deutlich wird: den der *Kreativität* nämlich, genauer gesagt: der *rationalen* Kreativität, von deren Instrumenten der Engel umgeben ist, oder (um es mit Goethes Faust zu sagen) „umstellt" ist. Sie entstammen dem Quatrivium der *Septem artes liberales,* der mittelalterlichen „Sieben freien Künste", vornehmlich der *Geometrie* (Kugel, Polyeder, Zirkel) und der *Arithmetik* (magisches Quadrat). Die *Astronomie* wird durch den Stern im Hintergrund symbolisiert. Einzig die vierte

Kunst des Quatriviums, die *Musik*, fehlt. Doch macht gerade deren Abwesenheit sie außerordentlich gegenwärtig und daher für unser Thema bedeutsam.

Dieser kreative Aspekt eröffnet eine geradezu anthropologische Dimension der Melancholie. Daher beschreibt sie Hegel auch nicht als eine Krankheit (im Sinne eines „Ungleichgewichts der Körpersäfte", wie es Paracelsus gesehen hatte), sondern als ein grundsätzliches Entwicklungsstadium des Menschen.[4] Kant hebt dabei die besonderen geistigen Eigenschaften hervor, die damit verbunden sind:

> „*Der, dessen Gefühl ins Melancholische einschlägt, hat vorzüglich ein Gefühl für das Erhabene. Er duldet keine verworfene Untertänigkeit und atmet Freiheit in einem edlen Busen. Alle Ketten von den vergoldeten an, die man am Hofe trägt, bis zu den schweren Eisen der Galeerensklaven sind ihm abscheulich. Er ist als strenger Richter seiner selbst und anderer und nicht selten seiner sowohl als der Welt überdrüssig.*"[5]

Es scheint fast so, als beschriebe Kant hier das Wesen der Musik Beethovens.

---

[4] „*Jeder Mensch kennt wohl einen solchen Wendungspunkt im Leben, den nächtlichen Punkt der Kontraktion seines Wesens, durch dessen Enge er hindurchgezwängt und zur Sicherheit seiner selbst befestigt und vergewissert wird, zur Sicherheit des gewöhnlichen Alltagslebens, und wenn er sich bereits unfähig gemacht hat, von demselben ausgefüllt zu werden, zur Sicherheit einer innern edlern Existenz.*" (Aus einem Brief von Hegel an den Mediziner Karl Windischmann aus dem Jahre 1810)

[5] Immanuel Kant, *Betrachtungen über das Gefühl des Schönen und Erhabenen*, Kanter Verlag, Königsberg 1766

Zurück zu dem Bild Dürers. Es gibt nach meiner Einschätzung drei Deutungsmöglichkeiten dieser berühmten und hoch-allegorischen Darstellung.

Pico della Mirandola schreibt in seiner *Rede über die Würde des Menschen,*[6] daß es die vordringlichste Eigenschaft des Menschen sei, zur Gottähnlichkeit zu gelangen. Dieses Streben nach Vollkommenheit ist aber vergeblich und muß daher zu einer melancholischen Weltschau führen. Das schließt die geistige Ebene (Polyeder, Kugel, Magisches Quadrat, Zirkel) als auch die handwerklich schaffende Ebene (Hobel, Säge und Hammer im Bild Dürers) ein. Die abgebildeten Werkzeuge und mathematisch-geometrischen Symbole wären dann Insignien des Scheiterns.

Die zweite Deutungsmöglichkeit ist, daß die Melancholie sich in rationaler Strenge ausdrückt. Die Vollkommenheit und konstruktive Komplexität eines Polyeders oder der *Kunst der Fuge* J.S. Bachs sind ein Ausdruck von Melancholie. Sehen wir Melancholie und Trauer trotz ihrer Unterschiede als musikalische Ausdrucksverwandte an, so können wir die These aufstellen:

Die *Kunst der Fuge* ist ein Trauergesang.

Für die dritte Deutungsmöglichkeit ziehe ich Marsilio Ficino heran, den großen Humanisten und Neoplatoniker des 15. Jahrhunderts in Florenz und Lehrer Lorenzo di Medicis. Hier ein Auszug aus einem Brief an seinen Freund Pellegrino degl'Agli aus dem Jahre 1457 mit der Überschrift: *„Si disputa del furore divino."* - „Wir streiten über den göttlichen Wahnsinn". Hier heißt es: „Und dieses messe ich nicht nur deinem Studium zu und der

---

[6] Pico della Mirandola, Oratio de hominis dignitate, Erstausgabe Bologna 1496

-26-

Kunst, sondern viel mehr noch jenem *göttlichen Wahnsinn*, ohne den Democrit und Platon sich niemals zu den großen Männern hätten entwickeln können, die sie waren."[7] (Übers. d.V.) Im Grunde geht dieser Text auf Seneca zurück: *„Nullum magnum ingenium sine mixtura dementiae fuit."* - „Nie hat es einen großen Geist gegeben ohne eine Beimischung von Wahnsinn."[8]

All das ist auf dem Bild Albrecht Dürers zu sehen. Übersetzen wir die Gedanken Ficinos und Senecas, so bedeutet das, daß die Melancholie die *Voraussetzung* dafür ist, Großes zu erschaffen.

Wir können also die Melencolia Dürers deuten als *Ausdruck des Scheiterns,* als *Ausdruck konstruktiver Strenge* oder als *Voraussetzung konstruktiver Strenge.*

---

[7] *„E questo non solo io l'attribusco al tuo studio, e à l'arte, ma ancora maggiormente à quel divino furore, senza il quale Democrito es Platone non volsero che mai alcuno grande huomo diventar potesse."* (Marsilio Ficino, Briefe, 1. Band, hrsg. von Felice Figliucci, Siena 1546)

[8] Seneca, *De Tranquillitate Animi,* 15. Kapitel

Affekt und Empfindung

Es ist das natürliche Wesen der Kunst, die Menschen zu bewegen. Diese einfache Feststellung schließt eine Antinomie ein, die das kollektive Empfinden dem individuellen gegenüberstellt. Ich möchte dieses Feld nur insoweit betreten, als es für die *geschichtliche* Klassifizierung von Nutzen ist. Dann allerdings können wir sehr präzise zwei Begriffe definitorisch voneinander abgrenzen: den des *Affekts* und den der *Empfindung*.

Das Wesen des Affekts ist die *Objektivität*, das der Empfindung die *Subjektivität*. Die Affektenlehre versteht sich seit der Antike, vor allem aber in ihrer Rezeption im 16. und 17. Jahrhundert als *Wissenschaft*. Deren Idee ist es, von einer positivistischen, einer geradezu medizinischen Ursache-Folge-Wirkung auszugehen. Das heißt, daß ein bestimmtes musikalisches Ereignis einen bestimmten Körpersaft zum schwingen bringt, der einen bestimmten Affekt auslöst, und das bei allen Zuhörern gleichermaßen, ohne Rücksicht auf Herkunft, Stand, Bildung, Religion und Geschlecht. Wenn man so will promoviert sich die Affektenlehre zu einer physiologisch-medizinischen Unterdisziplin mit egalitären Konsequenzen: die Affekte wirken auf alle gleich. Das bedeutet aber auch, daß die Musik des Früh- und Hochbarock uns nichts über das Gefühlsleben der Musiker erzählt, weder der Komponisten noch der Interpreten. Das ist aber auch nicht ihre Aufgabe. Diese besteht einzig darin, die Affekte *bei den Hörern* kollektiv zu wecken.

Die *Empfindung* ist demgegenüber *subjektiv* und *individuell*. Der Komponist erlaubt uns, durch ein Schlüsselloch auf etwas sehr Intimes zu schauen. Wir als Hörer gewinnen Einblick sozusagen in das Tagebuch der Seele des Komponisten. Carl-Philipp-Emanuel Bachs „*Empfindungen*", so lautet der Untertitel seiner freien Fantasie in fis-moll. *„Der Abschied vom Silbermann'schen Clavier"*, ein weiteres Protokoll *seiner* Traurigkeit, *seiner* Empfindung. Wir sind zugelassene Zeugen, aber es ist nicht die primäre Aufgabe der Musik, uns zu veranlassen, die Empfindungen Bachs zu teilen. Doch gerade diese Absichtslosigkeit bewirkt umso stärker, daß das Werk ebensolche Empfindungen in uns auslöst, auf dieser Ebene also mit uns kommuniziert. Das Instrument dieser Zeit ist das intime Clavichord, das ist *das* Tasteninstrument des neuen, empfindsamen Stils der verbürgerlichten Kunst. Wohingegen das Cembalo das Instrument der absolutistischen, höfischen Kunst des Hochbarock ist. Das bürgerliche Clavichord ist das eigentliche Instrument der intimen Empfindsamkeit, das höfische Cembalo das des kollektiven Affekts.

Der Umbruch vom Affekt zur Empfindung geht einher mit jener Epoche, die wir „Empfindsamkeit" nennen. Es war Gottholt Ephraim Lessing, der dieses Wort in den Sprachgebrauch eingeführt und auch von „Herzensbildung" gesprochen hat. In der Literatur hat der „Werther" von Goethe eine lang anhaltende und ungeheure Wirkung gehabt. Der lange Episodenroman der absolutistischen Kunst (wie „Rinaldo Rinaldini" von Vulpius oder „Simplicius Simplicissimus" von Grimmelshausen) ist Geschichte. Statt dessen gewährt uns Goethe einen Blick in das Tagebuch des Werther. Der Leser wird heimlicher Zeuge seiner Leiden und zu persönlicher Anteilnahme fähig. Es gibt keinen auktorialen Erzähler mehr - das ist ein Kunstgriff, der in die Moderne weist. Der Stil Goethes ist aphoristisch und läßt Raum für unsere Fantasie, unsere Assoziationen, für unsere Bilder und Urteile: *„Kein Geistlicher hat ihn begleitet."* So endet der Roman, so endet die Beschreibung des Leichenzuges für Werther, den seine Leiden in den Suizid getrieben haben. Das ist kein Ende, sondern ein offener Rand; wir tragen so die Leiden Werthers über die erzählende Sprache hinaus mit uns. Der Roman spricht nicht das letzte Wort. Das tun wir als Leser in unserer Fantasie, in einem fortspinnenden, empfindsamen inneren Monolog.

In der Musik der Renaissance und des Barock ist die Trauer einer der Grundaffekte, zu Hause in der *Vita passiva*, der in sich gekehrten Gefühlswelt, die sich in der „*Lamentation*", der Klage, ausdrückt. Der *Lamentobaß*, das fallende diatonische oder chromatische Tetrachord, bezeugt das ebenso wie jene berühmten Stücke, die diesen Affekt expressis verbis im Titel tragen: „Lamento d'Arianna" etwa von Claudio Monteverdi oder die „Lamentiones Jeremiae" von Thomas Tallis. Auch der „Lachrymae"-Topos spielt hier eine Rolle: Musik der Tränen. In der „Pavana Lachrymae" von William Byrd wie auch in ihrem chorischen Zitat „Weep oh mine eyes" des englischen Madrigalisten John Bennet erscheint sie im Titel. Wir erhalten gewissermaßen eine Assoziationsanleitung.

Die Werke nun, die einen chromatischen Lamentobaß als Chaconne exponieren, sind von unüberschaubarer Zahl. Wir denken an die bewegende Klage der Dido „When I am laid" am Schluß der Oper „Dido und Aeneas" von Purcell oder an das gewaltige „Crucifixus" aus der H-moll-Messe J.S. Bachs. Das wiederum ist eine Kontrafaktur des Eingangschores aus der Kantate Nr. 12 „Weinen, Klagen, Sorgen, Zagen", hier in f-moll, in der H-moll-Messe in e-moll. Das „*Adagiosissimo*", der 3. Satz aus dem „*Capriccio sopra la lontananza del suo fratello diletissimo*" ist ebenso ein Klagegesang, der im programmatischen Untertitel als poetische Idee formuliert ist: „Ein allgemeines *Lamento* der Freunde" beim Abschied. Der Lamentobaß liegt hier in der Oberstimme.

Der Affekt der Trauer (und nehmen wir auch nur den Lamento-baß als eine von vielen Ausformungen) läßt sich durch eine Vielzahl von musikalischen Literaturbeispielen belegen. Diese Liste ließe sich endlos fortsetzen, nähmen wir noch andere Ausdrucksmittel hinzu, wie etwa den Seufzer: allein im Schaffen Bachs bedarf es keiner großen Recherche, um hier reiche Ernte einzufahren: Wohltemperiertes Clavier I: Fuge fis-moll, Fuge h-moll; Wohltemperiertes Clavier II: Präludium f-moll; Goldbergvariationen: Quintkanon; dreistimmige Sinfonia in f-moll; Matthäuspassion: Blute nur, O Mensch bewein dein Sünde groß; H-moll-Messe, Incarnatus; usw..

So vertraut uns aber der Affekt der Trauer auch immer sein mag, so sehr sollten wir uns dessen bewußt werden, daß die Trauer in der Affektenlehre von Platon und Aristoteles als Hauptkategorie zunächst überhaupt nicht erscheint. Die vier Grundaffekte des Platon sind: *Lust, Leid, Begierde* und *Furcht*. Die Trauer ist hier eine Unterkategorie des Leides. Aristoteles erwähnt elf Grundaffekte, und auch hier geht die Trauer leer aus. Es sind der Zorn und die Furcht, der Hass und der Neid, die das „negative" Spektrum der Gefühle ausmachen. In der Zusammenschau der beiden großen Philosophen fällt auf, daß durch die Lust und Begierde bei Platon und den Zorn und Neid bei Aristoteles vier der sieben Todsünden des katholischen Katechismus vorweggenommen werden: Avaritia (Habgier), Luxuria (Begierde, Wollust), Ira (Zorn) und Invidia (Neid). Erinnern wir uns ferner, daß die lutheranische Definition der Sünde als „in sich gekrümmt" („*incurvatus in se*") eine Verbindung zur Melencolia des Albrecht Dürer und der Depression unserer Tage nahelegt, kommt man kaum umhin, den Affekt aus theologischer Perspektive als sündhaft zu bezeichnen und die Befreiung davon als geradezu eschatologischen Entwicklungsschritt anzusprechen. Es ist das griechisch-römische Theater, auf dessen Bühne die Affekte zum Leben erweckt wurden, nicht die christliche Basilika. In der christlichen Tradition dominieren lediglich drei Grundaffekte: die Trauer (über den gekreuzigten Christus), die Freude (die weihnachtlich und österlich ist) und die Demut (der Mutter Maria).

Demgegenüber unterscheidet Gioseffo Zarlino in seinen *Istitutioni harmoniche*[9] nur zwei Grundaffekte, nämlich Freude und Trauer. Deren musikalische Mittel bindet er an die Intervalllehre. Intervalle ohne exponierten Halbton (große Terz, große Sexte) bewirken den Affekt der Freude, solche mit exponiertem Halbton (kleine Terz, kleine Sexte) den Affekt der Trauer.

Della propietà, o natura delle consonanze Imperfette. Cap. 10.

 L PROPIO, o Natura delle Consonanze imperfette è, che alcune di loro sono viue & allegre, accompagnate da molta sonorità; & alcune, quantunque siano dolci, & soaui, declinano alquanto al mesto, ouero languido. Le prime sono le Terze, & le Seste maggiori, & le replicate; & le altre sono le minori. Tutte queste hanno forza di mutare ogni cantilena, & di farle meste, o uero allegre secondo la lor natura. Il che po-

(*„Die natürliche Eigenschaft der imperfekten Konsonanzen ist, daß einige von ihnen fröhlich und lebendig sind und mit viel Klang begleitet werden müssen. Und andere hingegen zart, sanft, traurig oder ermattet deklamiert werden müssen. Erstere sind die großen Terzen und Sexten, letztere die kleinen Terzen und Sexten. Alle haben die Kraft, jede Kantilene zu verändern: sie traurig oder fröhlich zu machen gemäß ihrer Natur.“* - Übersetzung des Verfassers)

---

[9] Gioseffo Zarlino, *Istitutioni harmoniche"*, Venedig 1558/1573

Der Philosoph René Descartes formuliert in seiner Schrift *Les passions de l'âme*[10] sechs Grundaffekte, aus denen sich alle anderen ableiten. Zu denen gehört auch die Trauer (tristesse). Die anderen sind: Bewunderung (admiration), Liebe (amour), Haß (haine), Verlangen (désir) und Freude (joie). Alle anderen Affekte leiten sich aus ihnen ab. Es mag verwundern, daß der aristotelische Grundaffekt des Zorns, der etwa im *Stilo concitato* Monteverdis eine so herausragende Rolle spielt, bei Descartes nachrangig behandelt wird. Umgekehrt ist bei Aristoteles die Trauer kein Grundaffekt. Übrigens: daß Descartes die *Bewunderung* als Grundaffekt anführt, läßt, wie ich finde, manche Stelle in französischer Barockmusik, gerade bei Louis Couperin, Froberger oder Rameau, in einem neuen und (für den französischen Stil) bemerkenswert charakteristischen Licht erscheinen.

Affekt und Rhetorik

Was ist eine musikalisch-rhetorische Figur? Was verbindet bestimmte Figuren mit dem Affekt der Trauer und was trennt sie?

Eine rhetorische Figur ist die kunstvolle Abweichung von einem als „richtig" verstandenen Normsatz, mit dem Ziel, ein Wort oder einen Wortsinn besonders hervorzuheben oder die Aufmerksamkeit darauf zu lenken. Das kann einen Affekt auslösen, muß es aber nicht. Die Affektenlehre ist sehr viel weniger konkret als die musikalisch-rhetorische Figurenlehre. Diese pflegt einen fast schematischen Umgang mit der handwerklichen Kontrapunktlehre. Um das zu verstehen, vergegenwärtigen wir uns, was eine rhetorische Figur eigentlich ist.

---

[10] Paris, 1649

Eine Figur ist, überspitzt gesagt, die Kultur des Fehlers und des Häßlichen. Sie versteht sich als *„vitium artificale"*, als ein *„mit Kunst angebrachter Fehler"*. Ihre Aufgabe ist die „rappresentazione", das heißt die Verdeutlichung eines Wortes oder der Aussage einer Passage. Die Figur also ist ein kontrapunktisches Mittel zum Zweck der Klangrede. Da auch der Affekt dazu gehört, haben also Figur und Affekt etwas gemeinsam. Aber sie sind nicht gleich.

Die Idee des Fehlers setzt die Idee des Richtigen voraus. Das Gegensatzpaar *richtig-falsch* ist synonym mit dem Gegensatzpaar *schön-häßlich.* Eine Figur ist also eine Abweichung von einem als „richtig" und „schön" empfundenen *Normsatz.* Sie impliziert die von Karl Rosencranz im 19. Jahrhundert beschworene „Ästhetik des Häßlichen".[11] Diese Abweichung einer Figur muß *auffällig* sein, will sie *„artificale"* sein, also mit Kunst angebracht. Das setzt voraus, daß der Normsatz relativ präzise definiert ist. Doch das ist nicht einfach, da der Normsatz ständigem Wandel unterworfen ist. Der Normsatz neigt dazu, die *Vitia,* also die auffällig-fehlerhaften Figuren, durch Wiederholung und Gewöhnung zu integrieren und als gängige Normsatz-Vokabel zu promovieren. Dann bedarf es neuer Mittel, die den Anspruch erheben dürfen, Figur zu sein. Diese werden dann wieder integriert werden, und immer so weiter. Wenn wir uns also mit musikalisch- rhetorischen Figuren befassen, leisten wir gleichzeitig die Arbeit eines Archäologen, indem wir Schicht für Schicht dieses Integrationsprozesses abtragen. Wenn eine Figur integriert ist, ist sie keine Figur mehr. Um das in den

---

[11] Karl Rosenkranz, *Ästhetik des Häßlichen,* Königsberg 1853

Griff zu bekommen, geht Christoph Bernhard[12] in seinem Kompositionstraktat so vor, daß er zwei grundlegende Stilkategorien aufmacht: den alten, schweren Kirchenstil[13] und den modernen „leuchtenden", theatralischen Stil[14]. Die rhetorischen Figuren sind ein Ausdrucksmittel des modernen, theatralischen Stils. Damit wird der alte Stil, dessen Hauptrepräsentant Palestrina ist, zum Normsatz erhoben.[15]

Eine Figur ist nicht ein zufälliges[16] *Vitium*, das durch mangelnde Könnerschaft eingebracht wird, sondern stellt sich kunstvoll in den Dienst des Wortes. Sie ist, nach Christoph Bernhard, nur im modernen, theatralischen Stil erlaubt, mit anderen Worten: sie ist ein Stilmittel der weltlichen Opernbühne, nicht aber der Kirchenmusik.

Nun wissen wir, daß eine Kantate J.S. Bachs im Grunde eine italienische Oper ist. Das, was Christoph Bernhard noch als Kanon

---

[12] Christoph Bernhard: *Tractatus compositionis augmentatus*, erschienen in: Die Kompositionslehre Heinrich Schützens in der Fassung seines Schülers Christoph Bernhard, hrsg. von Joseph Müller-Blattau, 2. Ausg. Kassel 1963

[13] bei Bernhard stylus gravis, stylus ecclesiasticus und stylus antiquus

[14] stylus theatralis, stylus luxurians, stylus modernus

[15] Die Kriterien des alten Stils sind durch die restriktiven Vorgaben des Tridentiner Konzils klar umrissen: einfacher, diatonischer Kontrapunkt, reguläre Dissonanzbehandlung, Textverständlichkeit vor Textausdeutung, ausgewogene Form und klassisch ausponderierte Melodiebildung. Das Genie Palestrinas besteht darin, mit diesem Gesetzeskatalog im Gepäck die Kunst des Kontrapunkts zur Hochblüte geführt zu haben.

[16] *"...habe ich nichtsdestoweniger diese Antwort geschrieben, um bekannt zu machen, daß ich meine Sachen nicht zufällig mache...tragend als Überschrift den Namen Seconda Pratica"..."* (eigene Übersetzung), Claudio Monteverdi, 5. Buch der Madrigale, Vorwort

rhetorischer Figuren auflistet, hat sich einhundert Jahre später längst in das musikalische Normvokabular integriert. Man kann etwas pointiert sagen, daß die Bernhard'sche Beschreibung musikalisch-rhetorischer Figuren eine vorausnehmende Beschreibung des Bach-Stils ist. Das heißt entweder, daß sich der hochbarocke Kontrapunkt vollständig *theatralisiert* oder daß die rhetorischen Figuren ihren theatralischen Charakter *verloren* haben, da sie zum Normsatz selbst geworden sind.[17]

Ein Vergleich zur Rede. Erhebt der Rhetor plötzlich seine Stimme, so ist das auffällig, weil es von der normalen Sprechstimme abweicht und daher auffällt; unter Umständen erschrickt man sogar. Flüstert er, so ist das in gleicher Weise eine Figur. Ersteres nennt der römische Rhetoriker Quintilian[18] eine „*Hyperbole*", eine „Übertreibung", letzteres eine „*Hypobole*", eine „Untertreibung". Beide Figuren funktionieren nur aufgrund der Erfahrung unserer normalen Alltags-Sprachebene, mit der wir beim Bäcker Brötchen bestellen. Hierdurch sind wir konditioniert, und das bestimmt auch das Wesen der Figur. Eine solche Hyperbole wird im arabischen Sprachraum nicht gelingen, da dort das Gesamt-Spannungsniveau der normalen Sprechstimme höher ist. Wenn auf der anderen Seite der Schauspieler Bernhard Minetti eine Stunde lang flüstert, so wird das Flüstern selbst zum Normsatz und ist keine Figur mehr. Wenn der Schauspieler oder Redner plötzlich schweigt, und das lange, viel länger, als es zum Atemholen oder Nachdenken notwendig ist, dann ist das die überrschende Figur der „*Aposiopesis*" (griech. „Beginn des Schweigens"). Bei einer

---

[17] siehe auch: Volkhardt Preuß, *Die Anwendung der Clausellehre des 17. Jahrhunderts im Theorieunterricht*, 14. Kapitel: *Alter und neuer Stil - Zur Rhetorik und Theatralik in der Barockmusik*, Hamburg 1991

[18] Marcus Fabius Quintilianus, c. 35-96 n. Chr.

Pantomime aber wäre diese Figur sinnlos, da dort das Schweigen der „Normsatz" ist.

Was bedeutet das für den Affekt der Trauer? Betrachten wir noch einmal den chromatischen Baß. Als rhetorische Figur, also als Passus duriusculus, ist dieser Baß auf ein diatonisches Umfeld angewiesen. Erst dieses Umfeld macht den chromatischen Baß zu einer Figur. In einem Stil, der an sich schon chromatisch ist über weite Strecken, wäre es sinnlos, von einem Passus duriusculus zu sprechen, denn die Chromatik selbst wäre dann zum Normsatz geworden.

Wir können darüber, ob ein chromatischer Baß ein Lamentobaß ist oder nicht, keine allgemeinen Aussagen treffen, sondern müssen die musikalische Situation und den Text in Betracht nehmen. Es ist der eindeutige Text des „Cruzifixus" aus der H-moll-Messe Bachs, der diese große Chaconne zu einem Lamento macht.

Aber ein Passus duriusculus ist es nicht, denn dafür ist das chromatisch fallende Tetrachord eine viel zu vertraute Vokabel, gerade als Baß, der „La Ciaccona" hieß. Doch kann man trotzdem die immerwährende Wiederholung des chromatischen Basses als Figur ansprechen, als „Anaphora"; aber nur in Verbindung mit der Kreuzigungs-Klage. Denn das Wesen der Chaconne per se ist ja der ostinate Baß, daher ist diese Wiederholung nichts besonderes. Vergessen wir auch nicht, daß die Chaconne eigentlich eine instrumentale Improvisationsgattung ist; also ist das Besondere im Cruzifixus, daß Bach diese Gattung auf den Chor überträgt, gewissermaßen „*ex*tavoliert". Und der chromatische Baß selbst ist seit Christoph Bernhard längst in den Normsatz integriert. Die Schlußfolgerung mag befremden: Ein chromatisches Ereignis bei Bach, zum Beispiel im „*Thema regium*" aus dem musikalischen Opfer, ist per se kein Passus duriusculus, und auch nicht zwangsläufig ein Lamento. Es ist eine *kontrapunktisch-modellhafte Situation*, nämlich ein chromatischer Fauxbourdon, und es ist ein *Ornament*. Denn jede Figur, wenn man sie sozusagen von ihrer Textbedingtheit befreit, ist einerseits ein satztechnisches Phänomen und anderseits ein Ornament.

Wenn wir diesen Gedanken zulassen, lassen wir aber auch die These der *absoluten Musik* bei Bach zu. Denn dann erzeugt nicht jede chromatische Linie den Affekt des Lamento, dann ist sie auch nicht zwangsläufig eine rhetorische Figur, die wortausdeutend oder bildlichkeitsnachahmend ist, sondern dann kann sie einfach nur ein satztechnisches Phänomen sein oder eine ornamentale Technik, die den einfachen diatonischen Fauxbourdon verziert, indem sie ihn mit einer chromatischen Folie versieht. Wir sehen uns einem Spannungsfeld zweier Pole gegenüber: Einerseits impliziert die musikalisch-rhetorische Figurenlehre, daß jede Figur im Dienste Wortes steht, auch dann, wenn es reine Instrumentalmusik ist. Anderseits kann man jede Figur auch als reines kontrapunktisches und ornamentales Phänomen begreifen. Guilio Cesare Monteverdi verteidigt im Jahre 1607 seinen Bruder Claudio gegen die Angriffe Artusis, indem er schreibt: *„Das Wort sei die Herrin der Melodie, nicht ihr Diener."* Sein Antipode wird 180 Jahre später Mozart sein, von dem der Satz überliefert ist: *„Prima la musica, poi le parole"* - „Erst die Musik, dann das Wort."

Ich möchte das anhand von vier Beispielen erläutern.

1.) J.S. Bach, Choral „Es ist genug" aus der Kantate „O Ewigkeit du Donnerwort"

Beispiel 5

Die berühmte Stelle „*Mein großer Jammer bleibt darnieden*" wird durch den chromatischen Baß kontrapunktisch gefaßt. Der Affekt der Trauer bzw. der Klage, den der Text eindeutig zeigt, spiegelt sich im chromatischen Baß und in dessen extravaganter Bezifferung. Im Vers davor ist die Musik ebenso eng an den Text gebunden: „*Ich fahre sicher hin in Frieden*" schafft ein „sicheres" diatonisches Umfeld, das die folgende Chromatik zum Passus duriusculus macht. Beide Stellen sind wegen ihrer auffälligen Gegensätzlichkeit und der komplexen Bezifferung der Chromatik musikalisch-rhetorische Figuren von großem Affektgehalt.

2.) J.S. Bach, „Wer Sünde tut, der ist vom Teufel" aus der Kantate „Widerstehe doch der Sünde",BWV 54, Takt 9-14.

Wer Sün - de tut, der ist vom Teu - - - - fel

Beispiel 6

Zunächst ist diese Passage aus dieser frühen Kantate von 1714 ein hochbarocker Triosatz, also eigentlich ein reines Instrumentalstück - eine Verbeugung vor Corelli. Und, wie bei Corelli häufig, hören wir auch hier eine Fuge über einem Andantebaß - Continuo. Beziehen wir nun den Text mit ein, so macht der Zentralgedanke der *Sünde* das chromatische Thema zu einer bildlichkeitsnachahmenden Figur. Es ist aber kein Lamento, da der musikalische Rhetor nicht klagt, sondern den Menschen ein Memento mori zur Buße mit auf dem Weg gibt. Die Chromatik ist eine rhetorische Figur, deren „Fehlerhaftigkeit" sich theologisch überhöht, indem sie zum Enblem der Sünde selbst wird. Sie will nicht affektiv, sondern moraltheologisch bewegen.

3.) Monteverdi, „L'Orfeo", 1. Akt, Rezitativ Pastore „*In questo lieto e fortunato giorno*"

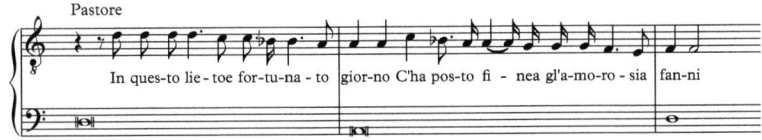

Beispiel 7

Die Übersetzung des Textes lautet: „*An diesem glücklichen und freudenreichen Tag...*" Der Hirte kündigt die baldige Hochzeit von Orpheus mit der schönen Euridyke an. Eigenartig, daß der Sänger das mit Hilfe des *diatonischen Lamentobasses* tut, der gleichzeitig der „*Ciaccona*"-Baß ist, wie z.B. beim „Lamento della Ninfa" aus dem 8. Buch der Madrigale:

Beispiel 8

Zurück zu Beispiel 7. Diese Stelle Anfang des 1. Aktes des Orfeo sitzt zwischen zwei Stühlen. Entweder können wir in ihr ein rein kontrapunktisches Ereignis erblicken, ein Ereignis „absoluter Musik", musikalisches Vokabular also ohne hermeneutische Bedeutung. Oder aber wir sehen darin tatsächlich eine Klage, ein Lamento, und nehmen das besagte Beispiel aus dem 8. Madrigalbuch als Präzedenzfall zur Hand. Dann wäre der Widerspruch zu Text *"lieto e fortunato"* offenkundig eine Art musikalisches *Oxymoron*[19]. Ist das ein Kunstgriff Monteverdis, der dem Hirten eine gewisse Hellsichtigkeit zuschreibt, in dem Sinne, daß der Hirte, indem er die Hochzeit ankündigt, schon den Tod der Euridyke vorausahnt?

4.) Beethoven, Sonate op. 101 A-Dur, Vivace alla Marcia

Beispiel 9

Das ist ein fröhlicher Marsch trotz chromatischem Baß, der die Punktierungen Robert Schumanns vorausnimmt, mit denen die Davidsbündler gegen die Philister marschieren. Sein chromatischer Baß ist weder ein Lamentobaß ist noch ein Passus duriusculus, sondern nichts weiter als ein chromatischer Fauxbourdon in

---

[19] lat. auch *„contradictio in adjectio"*, ein innerer Widerspruch, ein rhetorisches Gegensatzpaar (z.B. „beredtes Schweigen")

Dur.[20], eine typisch modellhafte Eröffnung über ein fallendes Tetrachord. Die ursprüngliche affekthaltige oder rhetorische Bedeutung im Zusammenhang der Trauer spielt hier keine Rolle mehr. Das Modell ist sozusagen „entsemantisiert".

2. Kontrapunktische Strenge

Eigenschaftslosigkeit und Vervollkommnung

Hinter dem Begriff „kontrapunktische Strenge" mit seinen technischen und handwerklich-virtuosen Implikationen, seinen Rätseln und seinen Bedeutungsinhalten steht eine Weltschau, wie sie originär dem Renaissance-Menschen zu eigen ist. Als solchen können wir auch Bach sehen mit all seiner komplexen Kontrapunktik in den Goldbergvariationen, der Orgelmesse und der Kunst der Fuge. Es ist letztlich diese Komplexität, die ihn von Händel oder Telemann unterscheidet und an die Seite von Leonardo und Piero della Francesca stellt. Lassen wir diesen Gedanken zu, unterstellen wir, wie ich meine zu Recht, daß Bach in das falsche Jahrhundert hineingeboren wurde. Von seinem Wesen her ist er ein Künstler der Renaissance.

Um diesen Gedanken zu vertiefen, möchte ich den großen Florentiner Humanisten Pico della Mirandola heranziehen. Er schreibt in seinem anthropologischen Hauptwerk *„Rede über die Würde*

---

[20] vgl. z.B.: Bach, Fuge As-Dur (Wohltemperiertes Clavier II);
Präludium A-Dur (Wohltemperiertes Clavier I)

des Menschen",[21] daß Gott den Menschen als einzigem Wesen der Schöpfung die Gabe der *Eigenschaftslosigkeit* zugedacht habe. Der Mensch sei frei in die Welt geworfen, um sie zu erforschen und seine Eigenschaften aus eigenem Antrieb auszubilden. Dabei habe er, so Pico, die Wahl, auf die Instinktebene des Tieres zurückzufallen oder aber sich so zu perfektionieren, daß er auf die Ebene der Gottähnlichkeit aufsteige.[22]

Dieser Gedanke formuliert den Urantrieb des Renaissance-Menschen, sich zu vervollkommnen. Er könnte als Vademecum über dem Eingangsportal einer Gallerie der Ungeheuerlichkeiten stehen, die wir nur mit staunendem Unglauben durchschreiten können. Die Felsgrottenmadonna und die Anna Selbdritt von Leonardo sind dort ebenso zu sehen wie die Kuppel des Domes von Florenz und die Baptisteriumstüren von Brunelleschi, die büßende Magdalena und die Guidetta von Donatello ebenso wie die Pietà, der Moses und der David von Michelangelo, die Geburt der Venus

---

[21] Pico della Mirandola, Oratio de hominis dignitate, Erstausgabe Bologna 1496

[22] „*So nahm er den Menschen als ein Werk unbestimmter Art auf, stellte ihn in die Mitte der Welt und sprach zu ihm wie folgt: «Dir, Adam, habe ich keinen bestimmten Ort, kein eigenes Aussehen und keinen besonderen Vorzug verliehen, damit du den Ort, das Aussehen und die Vorzüge, die du dir wünschest, nach eigenem Beschluss und Ratschlag dir erwirbst. Die begrenzte Natur der anderen ist in Gesetzen enthalten, die ich vorgeschrieben habe. Von keinen Schranken eingeengt sollst du deine eigene Natur selbst bestimmen nach deinem Willen, dessen Macht ich dir überlassen habe. Ich stellte dich in die Mitte der Welt, damit du von dort aus alles, was ringsum ist, besser überschaust. Ich erschuf dich weder himmlisch noch irdisch, weder sterblich noch unsterblich, damit du als dein eigener, gleichsam freier, unumschränkter Baumeister dich selbst in der von dir gewählten Form aufbaust und gestaltest. Du kannst nach unten in den Tierwesen entarten; du kannst nach oben, deinem eigenen Willen folgend, im Göttlichen neu erstehen.»*" Pico, a.a.O., Übersetzung von Dora Baker, Verlag am Goetheanum, 1983

von Botticelli ebenso wie der Zinsgroschen von Massacio, die Auferstehung Christi von Piero della Francesca ebenso wie die Kreuzigung Petri von Caravaggio. In der Tat: eine Gallerie der Ungeheuerlichkeiten, die freilich keineswegs Zeugnis ablegt von der Demut ihrer Schöpfer gegenüber ihrem Gott (wie es Bach unter jedes Stück geschrieben hat: „S.D.G." - Soli Deo Gloria - allein Gott zur Ehre, oder Haydn: „Laus Deo" - Gott sei gelobt), sondern uns von deren Hybris erzählt, die Vollkommenheit der Schöpfung imitieren oder sie sogar zu übertrumpfen zu können, ja zu müssen. Der Künstler wird zur nachschöpfenden Inkarnation des Deus Creator, wobei auch prometheistische Fantasien im Spiel sind, die später bei Beethoven eine so große Rolle spielen werden. Immerhin ist das Finale der „Eroica" den „Geschöpfen des Prometheus" entlehnt, so daß die Mutmaßung gerechtfertigt ist, daß hier im Prometheistischen das Heldenhafte liegt, in Prometheus selbst, der dafür bestraft wird, daß er den Göttern das Feuer stiehlt, und weniger in der konkreten programmatischen Anspielung auf Napoleon.

Difficulta und Facilita

Der Humanist Cristoforo Landino (1424-1498), Mitglied der platonischen Akademie unter Marsilio Ficino und Lehrer von Lorenzo und Giuliano de' Medici, erstellt in seinem Kommentar zu Dantes *Göttlicher Komödie* (1481) eine außerordentlich detaillierte und genaue Liste von Qualitätskriterien für ein großes Kunstwerk. Für den Kunsthistoriker Michael Baxandall[23] ist der The-

---

[23] Michael Baxandall, *Painting and Experience in Fifteenth Century Italy. A Primer in the social Hostory of Pictorial style.*, Oxford Unoversity Press, 1972

senkatalog Landinos eine wesentliche Quelle, die wertvolle Hinweise liefert für unser Verständnis dafür, wie die Menschen des Quatrocento die Gemälde ihrer Zeit gesehen haben. Ich möchte an dieser Stelle zwei dieser Kriterien herausgreifen: *Difficulta*[24] und *Facilita*[25], Schwierigkeit und Leichtigkeit. Diese beiden Forderungen an ein Kunstwerk scheinen sich zu widersprechen - und dieses Begriffspaar ist beileibe nicht das einzige Beispiel für die subtile Dialektik der neoplatonischen Denkweise in der italienischen Hochrenaissance. Dieser Widerspruch löst sich aber schnell und plausibel auf: denn die Difficulta bezieht sich auf das Kunstwerk und die Facilita auf den Künstler, der die Schwierigkeiten mit Leichtigkeit bewältigt. Lorenzo de' Medici liebte die komplexe Form des Sonetts „ausgehend von seiner Schwierigkeit - da edle Vollendung (virtù) nach Meinung der Philosophen im Schwierigen sich erweist."[26] Lodovico Dolce schreibt 1557: „Michelangelo suchte in seinen Werken immer die Schwierigkeit, während Raffael die Leichtigkeit suchte - eine schwierige Aufgabe."[27] Wenn wir diesem Satz glauben, dann können wir Bach und Beethoven an die Seite Michelangelos stellen und Mozart an die Seite Raffaels.

Die Frage ist nun, wie wir die Antinomie Landinos „Difficulta - Facilita" auf Bach übertragen können. Wie definieren sich „Schwierigkeit" und „Leichtigkeit" auf dem Gebiet des Kontrapunkts im Allgemeinen und bei Bach im Besonderen?

---

[24] Baxandall, a.a.O., S. 172 ff.

[25] Baxandall, a.a.O., S. 151 ff.

[26] Lorenzo de' Medici, *Opere*, Hrsg. von A. Simoni, Bd. I, S. 22, Bari 1939, zitiert von: Baxandall, a.a.O. S. 172

[27] Lodovico Dolce, „*Dialogo della pittura 1557*", in *Trattati d'arte del Cinquecento*, Bari 1960, S. 196, zitiert von: Baxandall, a.a.O., S. 172

Um der Antwort dieser Frage näher zu kommen, möchte ich eine weitere Antinomie eröffnen, nämlich die des *comprehensiven* und *ornamentalen* Kontrapunkts.

Comprehensiver und ornamentaler Kontrapunkt

Das 17. und 18. Jahrhundert kennt eine Vielfalt von Begriffen, die kontrapunktische Techniken abbilden: Fuge, Kanon, Imitation, Ricercare und Fantasie. Diese sind nicht definitorisch abzugrenzen, sondern hängen miteinander zusammen. Die beiden Hauptformen bestehen in der „*fuga legata*" (der „gebundenen Fuge") und der „*fuga sciolta*" (der „lockeren Fuge"). Ersterer Begriff ist synonym mit dem Kanon, letzterer meint freiere Imitationsformen, bei denen die Intervallkonstellationen zwischen Dux und Comes variabel gehandhabt werden können. Bei der fuga sciolta im engeren Sinne sind als Einsatzintervalle des Comes Oktave, Quarte und Quinte erlaubt und üblich. Bei allen übrigen Intervallen sprach man allgemeiner von „*Imitazione*". Bach faßt in der „Kunst der Fuge" die Fuge und den Kanon in einem Zyklus zusammen. Er verwendet hier den allgemeinen Begriff „*Contrapunctus*", der, wie wir sehen werden, auf Dietrich Buxtehude zurückgeht.

Die Fuge ist vordringlich eine kontrapunktische Improvisations- und Ornamentationstechnik. So schwer es auch sein mag, allgemeingültige Aussagen über deren formale Anlage per se zu treffen, so frappierend genau können wir Aussagen darüber machen, wie ein Fugenthema beschaffen sein muß, damit eine improvisatorische Bewältigung überhaupt möglich ist.

Die Fuge und mit ihr den Kanon als Improvisationstechnik zu begreifen, die im Werke Bachs ihren Höhepunkt kompositorischer

Verfeinerung erfährt, heißt auch, hinter aller Komplexität den einfachen Kern eines Fugenthemas oder Kanons zu diagnostizieren. Dabei spielt die Modellhaftigkeit als Gerüstsatz eine zentrale Rolle, hauptsächlich dann, wenn es darum geht, eine Fuge zu improvisieren oder die Improvisationstechnik als Ausgangspunkt kompositorischer Ausarbeitung zu machen.

Der Philosoph, Theologe und Musiktheoretiker Mauritius Vogt (1669-1730) veröffentlichte im Jahre 1719 in Prag sein Hauptwerk „*Conclave Thesauri Magnae Artis Musicae*". Hier unterscheidet er den von ihm so genannten „*comprehensiven*" Kontrapunkt einerseits und anderseits jene kontrapunktischen Fakturen, die aus einer von ihm so genannten „*Phantasia simplex*" erwachsen.

„Phantasia simplex" heißt „*einfache Erfindung*". Gemeint ist bei Vogt ein einfacher, sequenzieller Gerüstsatz, der aber nur an der Oberfläche einfach ist. Denn ihn ihm ist imitatorisches oder kanonisches Potenzial von außerordentlicher Raffinesse verborgen. Die Aufgabe des Komponisten ist es, durch *Ornamentation* dieses Potenzial freizulegen und dem Ohr zu erschließen. Folgendes Beispiel aus dem V. Kapitel der Vogt'schen Schrift macht deutlich, was gemeint ist:

Beispiel 10

Die Phantasia simplex, der Gerüstsatz also, ist hier eine einfache, zweistimmige Fonte-Sequenz. Terz und Sext als Zusammenklangsintervalle wechseln sich einander ab. Von der Klausellehre her betrachtet haben wir eine Altizans, die taktweise abwärts stufenweise sequenziert wird - Unterstimme Altklausel, Oberstimme Diskantklausel. Gleich wie man es betrachtet, rein intervallisch oder von der Klausellehre her: dieser Satz ist *einfach*. Er folgt so der Kategorie der „Facilita" des Cristoforo Landino und birgt gleichzeitig das Potenzial in sich, verziert zu werden. So ist der Satz, um Landino zu zitieren, *„puro"*, („rein"), hat aber die Möglichkeit, *„ornato"* zu werden (also „verziert"). Diese Ornamentation allerdings ist keine willkürliche, um diesen hochbarocken Begriff der „willkürlichen Veränderung" zu bemühen, sondern hat ein Ziel, nämlich den Unterquintkanon herauszuarbeiten, den der Gerüstsatz in sich trägt. Denn tatsächlich: Die Unterstimme hat dieselbe Melodie wie die Oberstimme, nur eine Quinte tiefer. Nur ist die Sequenz viel zu „simplex" und damit viel zu amorph, als daß unser Ohr oder auch nur unsere analytische Aufmerksamkeit diesen Kanon auf den ersten Blick wahrnehmen könnte. Die Einfachheit des Gerüstsatzes bindet den Kanon ab. Die Aufgabe der Ornamentation ist es also, den Kanon, der im Gerüstsatz verborgen ist, „herauszumeißeln". Michelangelo sagte, die Skulptur sei bereits im Stein gefangen und seine Aufgabe sei es nur, sie mit Hammer und Meißel zu befreien. Ungefähr so, nur viel einfacher und unspektakulärer, müssen wir uns die ornamentale Methode des Mauritius Vogt vorstellen. Die „Phantasia simplex" entspräche dann dem barocken Gedanken der *Inventio,* (lat.) der Erfindung, die kontrapunktische Verzierung der *„elaboratio"* (lat. der Arbeit oder Ausarbeitung). Die Frage bleibt, ob die Ornamentation tatsächlich in der Lage ist, einen strengen Kanon wirklich ostentativ zu zeigen oder ob nicht unser Ohr dazu neigt, „nur" eine Imitation zwischen den beiden Rahmenstimmen wahrzunehmen. Im VIII. Buch seiner „Institutiones oratoriae" schreibt Quintilian: „Das Geschmückte ist alles, was mehr ist als nur klar und genau".[28] So können wir sagen, daß das „Klare und Genaue" dem vorbehalten bleiben muß, was Vogt *„comprehensiv"*[29] nennt:

"Comprehensionem indico sic: est totum illud comprehensio, quod non est de phantasia, & cadentia qualicunque."[30] Übersetzt: „Die Comprehensio ist so bezeichnet: es ist all jenes Comprehensio, was nicht in irgendeiner Form von der *Phantasia* oder der Kadenz [abgeleitet] ist." Das ist eine Erklärung ex negativo - wir lernen, was comprehensiver Kontrapunkt *nicht* ist. Reicht diese Definition aus, um zu verdeutlichen, was damit gemeint ist? Die Kategorie der „*Phantasia*" ist eine Technik, die ich „*ornamentalen Kontrapunkt*" nenne. Egal, ob wir es mit einer Fuge zu tun haben oder einem Kanon: alles ist bereits im Gerüstsatz, im Modell angelegt. Das Konzept der Mehrstimmigkeit ist hier *simultan*. Die Stimmen erwachsen gleichzeitig aus der Substanz des Modells. Durch das Modell sind alle Stimmen schon da. Die Ornamentation hat nun eine hinweisende, verdeutlichende Aufgabe, indem sie den naturgegeben inhärenten Kanon verdeutlicht und aus der amorphen Abbindung sequenzieller Einfachheit befreit. Für die Fuge gilt dasselbe. Das Fugenthema ist im Modell enthalten. Eine Stimme des Modells wird nun verziert und zum Fugenthema „ernannt". Die Kontrasubjekte müssen nicht nacheinander hinzugefügt, also „erfunden" werden, denn das Modell stellt sie sozusagen „automatisch" zur Verfügung. Erklingt nun das Fugenthema in der

---

[28] a.a.O., VIII. Kapitel, zitiert nach: Baxandall, a.a.O, S. 161

[29] *Comprehensio,* lat.: das Begreifen, das Verständnis

[30] Vogt, a.a.O., IV. Tractatus, Cap. 1

Exposition allein, so ist es Aufgabe des Improvisators oder Komponisten, das noch unhörbare Modell zu erkennen, zu assoziieren und in der Exposition Stimme für Stimme zu vervollständigen. So gesehen ist die Fugenexposition ein Vorgang der *Klärung*. Aus der Indifferenz der Einstimmigkeit, deren Modellhaftigkeit noch *potenzialiter* ist, erwächst die mehrstimmige Klärung. Nach der Exposition ist die Katze aus dem Sack. In aller Regel aber sind für ein einstimmiges Fugenthema mehrere Gerüstsätze denkbar. Das liegt daran, daß z.B. Terzfallstrukturen, Sekundfallstrukturen und Quintfälle auf den Fauxbourdon zurückgehen und eine gemeinsame Substanz haben. So kann ein Fugenthema Bestandteil dieser drei Situationen sein und ist es in der Regel auch, gerade bei Bach.[31]

Damit ist, wie gesagt *ex negativo*, aber auch abgesteckt, was Vogt mit *comprehensivem* Kontrapunkt meint. Hier liegt eben kein einfaches Modell zugrunde. Das kontrapunktische Konzept ist *sukzessiv*, die Stimmen werden nacheinander zusammengefügt, ganz im Sinne der Bedeutung des Wortes „Kontrapunkt": *„punctus contra punctum"*, Note gegen Note. Die Vorgehensweise ist intellektuell, erfordert also kombinatorisches Geschick und ein Talent, das bereit ist, die Musik *„mathematice zu tractieren"*[32], wie es Andreas Werckmeister ausdrückte. Die Texturen haben sehr viel „Dificulta", sind schwer zu machen und ihre Machart ist schwer zu

---

31 Ich verweise hier auch auf meinen Aufsatz *Die Fuge zwischen Rezeption und Wandel,* Weidler Buchverlag Berlin, 2002

32 Der Untertitel seiner Schrift „Musicalische Temperatur" (Calvisius, Quedlinburg 1691) lautet: „deutlicher und warer Mathematischer Unterricht". Daß Werckmeister sich damit nicht nur Freunde gemacht hat, zeigen Ausschnitte seiner Vorrede: *„...zumal man mit seiner guten Intention bey den Ignoranten und Läster=Mäulern nur Undanck verdienet..."*

durchschauen bis hin zur Rätselhaftigkeit. Für die Comprehensio braucht man Zeit zur Ausarbeitung. Sie verschließt sich improvisatorischer Bewältigung. Carl-Philipp-Emanuel Bach hat über seinen Vater gesagt, daß er oft in *tiefes Nachsinnen* verfallen sei. Dieses Konzept ist sozusagen der Gegenentwurf zum „Stehgreiff-Spiel“, das dem Moment vertraut und der Beherrschung angelernter modellhafter Strukturen. Im comprehensiven Stil haben wir es zu tun mit komplizierten Fugen und Kanons, im Spiegel, vergrößert und verkleinert, umkehrbaren Kontrapunkten, Kanons in unerschiedlichen Intervallabständen, vollständig gespiegelten Fugen und so weiter.

Zusammenfassend können wir sagen:

Der **ornamentale Kontrapunkt** *erzeugt* keine komplizierten mehrstimmigen Texturen wie Kanon und Fuge, sondern *gibt diese* durch die Kunst der Verzierung *frei*. Er entspricht der Kategorie der „**Facilita**“. Die Konzeption der Stimmen ist **simultan**. Er ist aus der kontrapunktischen Improvisation gewonnen, dem „*Contrapunto alla mente*“.

Der **comprehensive Kontrapunkt** *erzeugt* komplizierte mehrstimmige Texturen und *erzwingt* sie sogar manchmal. Er entspricht der Kategorie der „**Difficulta**“. Die Konzeption der Stimmen ist **sukzezziv**. Er bedarf kompositorischer und konstruktiver Ausarbeitung auf dem Papier und verschließt sich der Improvisation.

Beide Formen existieren nicht streng getrennt voneinander. In vielen Fällen haben wir es mit *Mischformen* zu tun.

Beispiele

Ich möchte mit einigen Beispielen die Kunst des ornamentalen Kontrapunkts verdeutlichen und mich langsam zum comprehensiven Kontrapunkt vorarbeiten, indem ich mich den *Mischformen* widme. Dabei beschränke ich mich weitestgehend auf den Gerüstsatz des einfachen, fallenden Fauxbourdon.

Das Fugenthema der Fuge in As-Dur aus Bachs Wohltemperiertem Clavier Teil II ist gewonnen durch die Ornamentation der Oberstimme (7-6) und der Mittelstimmenmixtur: es springt heteroleptisch zwischen diesen beiden Ebenen hin und her. Das fallende Tetrachord des Basses steht damit als Kontrasubjekt fest. Dieses wird durch die chromatische Linie, oder besser: die chromatische Folie verziert. Ein rein ornamentaler Kontrapunkt:

Beispiel 11

Ebenso verhält es sich mit dem Fugato der Tenorarie „Ich will nur dir zu Ehren leben" aus dem vierten Teil des Weihnachtsoratoriums von J.S. Bach; ein ornamentaler Kontrapunkt, gewonnen aus einem einfachen Fauxbourdon:

Beispiel 12

Arcangelo Corelli, Triosonate h-moll aus op.4, Fugato des zweiten Satzes, Reduktion:

Beispiel 13

Interessant ist hier, daß Corelli in sehr einfacher Weise die Gegebenheiten des Modells ausnutzt, um den Oktavkanon herauszuarbeiten, der dem Fauxbourdon innewohnt. Die obere Akkolade zeigt den einfachen Gerüstsatz. Hier ist ein Kanon in der Oktave auf den ersten Blick noch nicht zu erkennen. Der Trick ist nun, das Fingerpedal zwischen den beiden Oberstimmen zu lösen und beide Stimmen zu einer zusammenzufassen:

Beispiel 14

Dann entsteht der Sprung fis-h, wie er im ersten Takt des Beispiels vom Baß vorgegeben ist, als Clausula perfecta oder einfache Wendung Dominante-Tonika. Im zweiten Takt gehört das fis dem Sopran und das h dem Alt. Dieser Quintfall ist also eine Heterolepsis zwischen Sopran und Alt. Ab dem Ton a läuft der Sopran als terzparallele Mixtur zum Baß und verläßt diese Stimmenebene auch nicht mehr.

Von der Methode her nicht komplizierter, wohl aber vom Ergebnis her, ist die Herleitung des Fugenthemas bzw. der Fugen-*themen* aus dem Contrapunctus VIII der „Kunst der Fuge".

Beispiel 15

Einfacher Fauxbourdonsatz in d-moll über einer vollständigen Skala (und nicht, wie beim Chiaccona-Baß, nur über ein fallendes Tetrachord.) Die Skalenterz f in Takt3 auf 1 ist kadenzieller Drehpunkt. Sie wird genutzt, um über Ruggiero zu kadenzieren. Ein Vergleich zu Beethovens Sonate op. 28 lohnt sich, genauer zu deren erstem Satz, Reprise (Überleitung zum Seitensatz Takt). Hier nämlich zieht Beethoven die Skala bis zur Kadenz-Ultima durch.

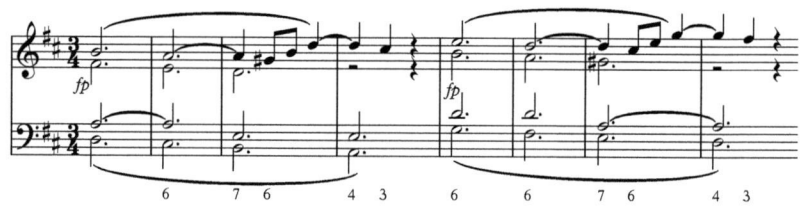

Beispiel 16

Die Skala ist so in zwei fallende Tetrachorde geteilt.

Diese Fassung ist tatsächlich „*puro*" im Sinne Landinos, also nahezu ohne jedes Ornament. Was aber geschieht bei Bach? Im dritten und vierten System sehen wir die beiden wesentlichen Ornamentationen des einfachen diatonischen Fauxbourdonsatzes. Den chromatischen Fauxbourdon, der, wie gesagt, ein passus duriusculus oder ein Lamentobaß sein *kann*, hier aber zunächst reine *Verzierung* ist, um dann zum *kontrapunktischen Ereignis* zu werden. Und den Fauxbourdon-Quintfall, der *beide* Oberstimmen austerzt und nicht nur, wie der einfache Fauxbourdon, nur die Mittelstimme.

Die beiden unteren Systeme zeigen nun, wie Bach die drei oberen Bässe zu einer *integrierenden Fortschreitung* verschränkt. Das auftaktige d gehört dem einfachen diatonischen Fauxbourdon, dann kommt ein halbtaktiges Quintfall-Segment, dann ein halbttaktiges Segment des chromatischen Fauxbourdon, und dann wieder ein halbtaktiges Quintfallsegment. Durch die Halbtaktigkeit blendet sich eine übergeordnete Terzfallsequenz ein: die steigenden Quarten im ersten und dritten Takt stehen im Abstand einer fallenden Terz.

Der Contrapunctus 8 der Kunst der Fuge ist eine Fuge mit drei Themen. Der Baß, dessen ornamentale Genese wir soeben nachvollzogen haben, ist das erste Fugenthema. Die anderen beiden Themen werden aus den Oberstimmen gewonnen. Das zweite Thema verziert die Oberstimme des Satzes, den 7-6-Patiens. Sie tut dieses in einfacher Weise, indem sie nämlich eine untere Drehnote einfügt und der Vorhaltsauflösung durch eine Achelrepetition einen motorisch-dynamischen Impuls verleiht. Dieses vergleichsweise einfache Ornament, das Christoph Bernhard „Multiplicatio" (also „Vervielfätigung" eines Tones) nennt, hat für die Contrapunctus 8 und 11 weitreichende Folgen: Es „infiziert" geradezu den Satz, beginnend mit der Vorstellung dieses zweiten Themas in Takt 40 des Contrapunctus 8, dann aber unaufhörlich. Die Fuge drängt, besessen von dieser Repetition, nach vorn - ganz und gar in der *vita activa* beheimatet. Der Contrapunctus 11 steigert diesen Vorgang nochmals.

Indem nun das erste Fugenthema in Gestalt der Baßornamentation erklingt, sind bereits alle anderen Stimmen modellhaft festgelegt als integrale Bestandteile eines Fauxbourdon/Quintfall. Aber die Kontrasubjekte der Oberstimmen promovieren zu zweiten und dritten Fugenthemen. Diese werden zwar nicht gesondert exponiert (dann hätten wir es mit dem für Bach seltenen Fall einer Tripelfuge zu tun), erscheinen aber im späteren Verlauf kombiniert mit dem ersten Thema. Das ist deshalb wichtig, weil es bedeutet, daß der Fauxbourdon zu Beginn der Fuge nicht erscheinen darf, da er sich aufbewahren muß für die beiden anderen Themen, die später erscheinen; denn diese sind ja an den Fauxbourdon gebunden. Deshalb exponiert Bach am Anfang der Fuge zunächst den Fauxbourdon/Terzfall:

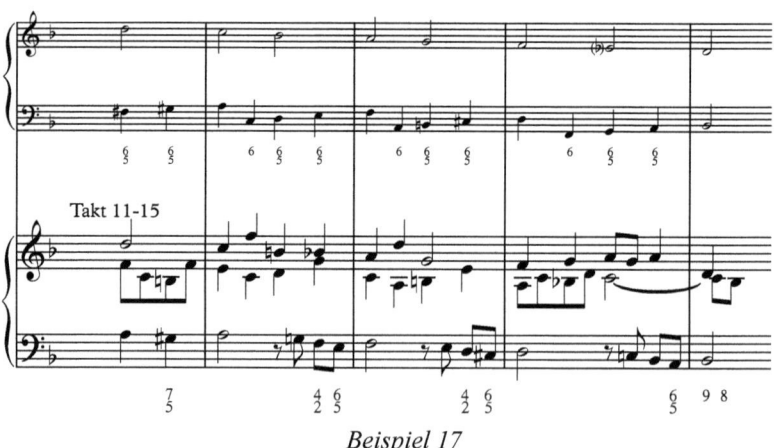

Beispiel 17

Nun zur Ornamentation der Mittelstimme. An sich bietet diese zunächst wenig Potenzial jenseits einfacher Umspielungstechniken durch die gleichmäßig fallende Skala (folgendes Beispiel 14, unornamentierter Alt). Bach emanzipiert diese Mixturlinie zum Baß im letzten Drittel der Fuge zum dritten Thema, indem er sie *heteroleptisch* gestaltet:

Beispiel 18

Takt 1:das a gehört der Oberstimme, das d der Mittelstimme, das e ist Durchgang

Takt 2: das f gehört der Mittelstimme, das g dem Baß, das a ist Durchgang

Takt 3: nun folgt die Mittelstimme in Gestalt der Terzfall-Altklausel mit Durchgang a-g-f, ansetztend vom Supersemitonium b.

Das Ganze ist die verzierte Form des Kunst der Fuge - Themas in der gespiegelten Form!

Mit anderen Worten: Die heteroleptisch ornamentierte Mittelstimme eines einfachen Fauxbourdon ist das Thema der Kunst der Fuge all'inverso!

Beispiel 19

Sehr viel Erfahrung, konstruktives Genie und ornamentale Fantasie sind nötig, um solch einem einfachen Gerüstsatz („facilita") eine solche Komplexität („difficulta") abzutrotzen. Hier sehen wir, wie Bach in seinem Spätwerk einem überkommenen Modell, das er selbst und andere vor ihm oft und oft benutzt hat, nochmals Leben einhaucht. Das ist in der Tat etwas, *„woraus sich lernen läßt"*, wie es Mozart ausdrückte. Dabei ist das ein schönes Beispiel für einen Kontrapunkt, der nicht rein ornamental ist wie in den beiden Beispiel zuvor. Es ist eine *Mischform*, die comprehensive Elemente einschließt. Die Themengewinnung aus den Rahmenstimmen (1. Thema im Baß, 2. Thema im Sopran) gründet sich auf ornamentaler Improvisationstechnik. Die Genese des dritten Themas im Alt aber ist nur comprehensiv ableitbar.

Betrachten wir nun die Fuge in fis-moll aus dem Wohltemperierten Clavier II. Sie ist gewissermaßen ein Werk „auf dem Weg" zum Contrapunctus 8 der Kunst der Fuge. Ihre Technik ist dem Contrapunctus 8 gleich: auch hier wird eine Fuge mit drei Themen aus einem Fauxbourdon gewonnen, deren drei Themen im letzten Drittel der Fuge miteinander kombiniert werden. Nur die heteroleptische *Comprehensio* der Mittelstimme fehlt. Daher ist die fis-moll-Fuge eine Spur mehr ornamentaler Kontrapunkt als der Contrapunctus 8. Was erstaunlich ist: wie organisch, geradezu selbstverständlich sich die drei Themen der fis-moll-Fuge zum Fauxbourdon vereinen. Eine Kombination, die eine bemerkenswerte Zwitterhaftigkeit in sich birgt. Der Fauxbourdon ist vorhersehbar, doch wenn er erscheint, ist es doch eine Überraschung. Man ist überrascht, wie glatt es geht. Das mag daran liegen, daß das erste Thema mit seinen Ligaturen dem „*Stilo antico*" verpflichtet scheint, wie die E-Dur-Fuge aus dem zweiten Band oder die cis-moll-Fuge aus dem ersten Band. Es ist elegant, und die Ornamentation der Patiens-Bildungen wechselt zwischen einfachen Umspielungen und heteroleptischen „Ausflügen". Das ist eine augenfällige Gemeinsamkeit zum Contrapunctus 8. Nur ist es dort der Baß, der so verziert ist; hier, in der fis-moll-Fuge, ist es die Oberstimme. Werfen wir einen Blick auf die Kombination aller drei Themen ab Takt 55:

Beispiel 20

Das dritte Sogetto liegt im Baß und ist im Gegensatz dazu geprägt von einem relativ starren Sechzehntel-Groppo, wie wir es weiter oben bei der Fauxbourdon-Ornamentation der Arie „Ich will nur Dir zu Ehren leben" beispielhaft gesehen haben (siehe Beispiel 12). Es ist ganz klar dem „stilo moderno" zuzuordnen und allein deshalb schon gegensätzlich zum ersten Thema.[33]

Das zweite Thema erscheint im obigen Beispiel 20 in Takt 56 f., Zählzeit 2, im Alt. Es ist dort, in der dreistimmigen Kombination, relativ unscheinbar und wird doch, nach der Erfahrung des Weges, den die Fuge bis dahin gegangen ist, auffallen, da es ab Takt 20 einzeln vorgestellt wurde. Es besteht aus einem französischen „Piqué", einer harten Punktierung, und kontrastiert allein dadurch zu den beiden anderen Soggetti. Es ist kadenziell, nicht sequenziell wie die beiden anderen.[34] Es entspricht dem, was als *„selbsteinstellende Quart"* im Kontrapunkt vertraut ist und von Giovanni Maria Bononcini ohne weitere Erklärungen *„motivo di Cadenza"* genannt wird.[35]

---

[33] Weitere Beispiele dazu sind zahllos, z.B.: Buxtehude, Präludium g, 1. Fugenthema; Händel, Messias, 1. Teil, Chorfuge „And he shall purify". Solch eine Groppobildung finden wir auch in der cis-moll-Fuge aus dem 1. Band des Wohltemperierten Claviers als zweites Kontrasubjekt.

[34] Erinnern wir uns, daß Vogt die Kadenz und die „phantasia", d.h. den sequenziellen Gerüstsatz dem ornamentalen Kontrapunkt zuordnet, als Gegensatz zur comprehensiven Technik: „Die Comprehensio ist so bezeichnet: es ist all jenes Comprehensio, was nicht in irgendeiner Form von der *Phantasia* und der *Kadenz* ist."

[35] (ital.) „Kadenzmotiv", siehe: Giovanni Maria Bononcini: *Musico Prattico che brevemente dimostra il modo di giungere alla perfetta cognizione*, Bologna 1673

Beispiel 21

Das Wesen dieser Kadenz ist die Ornamentation von Diskant- und Tenorklausel. Die Diskantklausel setzt sozusagen zweimal an; sie synkopiert pendelnd zwischen Leitton und Grundton. Die Tenorklausel gis-fis erweitert sich um ein kleines stufenweise fallendes Vorfeld. Vielleicht kann man sagen, daß beide Prinzipalklauseln ihre Charakteristik gewissermaßen „nach vorne" ausdehnen.

Bach vertauscht nun, wie im Beispiel 21, Takt 3 zu sehen, die Stimmen und erhält so eine Cantizans statt einer Perfecta. Der Sopran des linken Gerüstsatzmodells wandert in den Tenor der Ornamentation. Diese Stimme nun wird zum zweiten Fugenthema! Ihre Imitation, ihr Comes also, setzt eine Sekunde höher im Sopran an und ornamentiert in gleicher Weise die Terzfall-Altklausel mit Durchgang (cis-h-a).

Schauen wir uns nun die Expositionstakte dieses Themas im Zusammenhang an (Takte 20 ff.):

Beispiel 22

Das „Motivo di Cadenza", wird Baustein einer Quintfallse-
quenz. Motor dieser Sequenz ist die Imperfektion der jeweiligen
Diskantklauseln, jeweils auf vierter Zählzeit. (eis-e im Baß, Takt
1,4 des Beispiels, ais-a im Sopran Takt 2,4, dis-d Im Tenor Takt
3,4). Hier der Gerüstsatz:

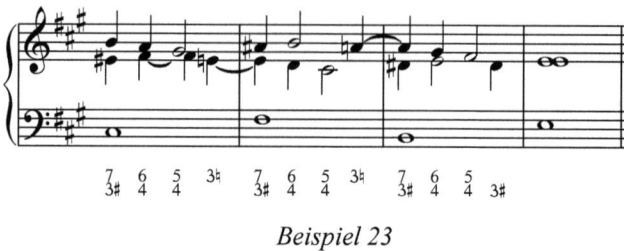

Beispiel 23

Eine „*Kadenz-Sequenz*": Die kadenzielle Erwartung in jedem
einzelnen taktweisen Element ist hoch. Die imperfizierten Diskantklauseln sind mehr als deutlich. Jedes einzelne Sequenzglied
ist das Fugenthema in verschiedenen Stimmen. Die fugenthemati-
sche Kadenz wird in eine Sequenz überführt, aber nicht, indem es
selbst Sequenz ist, also „Phantasia"; jeder Themendurchgang
selbst wird zum *Sequenzglied*, ist aber selbst Kadenz. Die Dis-
kantklausel-Imperfektion treibt die Sequenz voran und schickt sie
in den Quintfall.

Betrachten wir eine Parallelstelle aus dem 2. Band des Wohltemperierten Claviers. In der cis-moll-Fuge bildet eine solche Sequenz das erste Zwischenspiel Takt 9 ff. et al.. Das Fugenthema
trägt vorher eine kadenzielles Gewand und endet mit der Terzfall-
Alzklausel, wie es kadenzielle Fugenthemen oft tun. Doch an dieser Stelle erweist sich die Motivik als außerordentlich geeignet,
denselben sequenziellen Prozeß ornamental zu gestalten:

Beispiel 24

Zurück zu Beispiel 20: Bevor das dritte Thema erscheint (die Baßstimme des Fauxbourdon, die mit dem Sechzehntelgroppo verziert wird), werden die beiden anderen Soggetti einzeln durchgeführt. Der Fauxbourdon muß der Kombination aus den drei Themen, die im letzten Drittel der Fuge erscheint, vorbehalten bleiben, da diese Kombination aus dem Fauxbourdon gewonnen ist. Das ist die gleiche Verzögerungstechnik wie im Contrapunctus 8. Wie dort, so stellt sich auch hier die Frage, was vorher statt des Fauxbourdon erscheint.Auch hier wendet Bach dieselbe Technik wie im Contrapunctus 8 an: er definiert das erste Thema zunächst als Oberstimmenornamentation eines Ruggiero Terzfall:

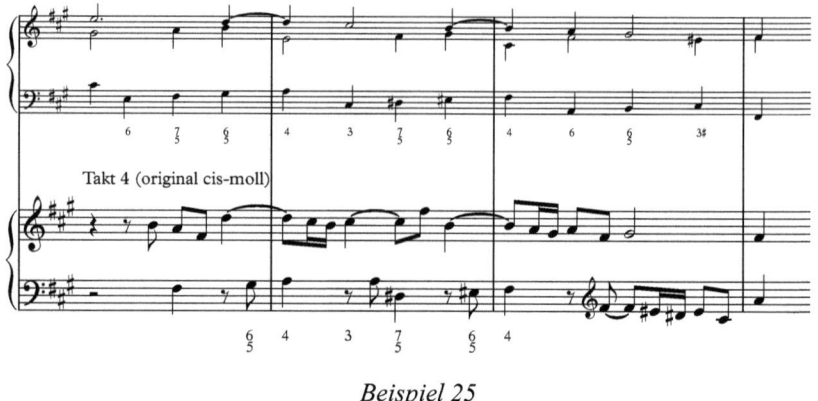

Beispiel 25

Diese Terzfall-Sequenz bestimmt die Exposition des ersten Themas.

Sowohl im Contrapunctus 8 wie auch hier liegt Folgendes zugrunde:

Jedes Fugenthema, das aus einer fallenden Linie besteht, ist letztlich auf zwei Gerüstsätze wesentlich zurückzuführen: einer *Stufensequenz* und einer *Terzfallsequenz*. Das liegt daran, daß *jede* fallende Linie in einer Stufensequenz und einer Terzfallsequenz vorhanden ist.

Ich möchte das grundsätzlich an einer fallenden G-Dur-Skala veranschaulichen:[36]

---

[36] Sie sind der Zusammenstellung „Skalenharmoniesation" entnommen, die Sie auf dieser Site unter der Rubrik *Bücher und Texte/Unterrichtsmaterial* finden.

Einfacher Fauxbourdon 7-6:

Ruggiero-Terzfall:

Fonte mit Quintsextakkorden:

Auch letztere Möglichkeit läßt Bach in der Expositionsphase der fis-moll-Fuge nicht ungenutzt:

Beispiel 26

Wenden wir uns nun einem anderen Werk zu, dem Septimenkanon aus Bachs Goldbergvariationen. Auch hier habe ich den ornamentalen Gerüstsatz auf den beiden oberen Systemen notiert.

Beispiel 27

Die fallende Sekunde b-a in der Mittelstimme des ersten Taktes
wird hier als steigende Septime interpretiert. Die natürlich stehen-
de Anordnung der Stimmen wird dabei durchbrochen, indem das

Fingerpedal der rechten Hand gelöst wird, ganz wie bei dem Beispiel Corellis. Dadurch erhält Bach eine heteroleptische Oberstimme, die zwischen Sopran und Alt hin- und herspringt, einen Quintfall b-e/a-d/g-c/fis-b. Dieser nun verteilt sich halbtaktig zwischen Tenor und Alt; die ersten Takthälften werden dabei eine Oktave abwärts transponiert (Takt eins b-e, Takt 2 g-c). Die Lücken auf den Zählzeiten 3 und 4 werden geschlossen und die steigenden Quarten und fallenden Quinten durch Sechzehnteltiraten angefüllt. So ist der Septkanon gewonnen.

Interessant ist, daß sich der strenge Kanon in der Septime hier keineswegs in den Vordergrund spielt, was die *Wahrnehmung* angeht. Man wird lediglich darauf aufmerksam, daß der Fauxbourdon imitatorisch ornamentiert wird, daß das Ornament im Tenor, die Sechzehntel-Tirata, von der Oberstimme aufgegriffen wird. Das Ornament pflanzt sich durch die Stimmen fort. Der historische Blick wird die Gambenschule des Silvestro Ganassi assoziieren, in der zum ersten Male Verzierungsformen vorgestellt werden, die imitatorisch durch die Stimmen wandern und sich nicht auf die Oberstimme beschränken. Daß dahinter ein durchgehend gebundener Kanon zwischen den Oberstimmen steckt, erschließt sich erst dem zweiten Blick, - dem analytischen Blick des Lernenden.

Solches gilt auch für den Sekundkanon und den Nonenkanon aus den Goldbergvariationen. Hier der Sekundkanon:

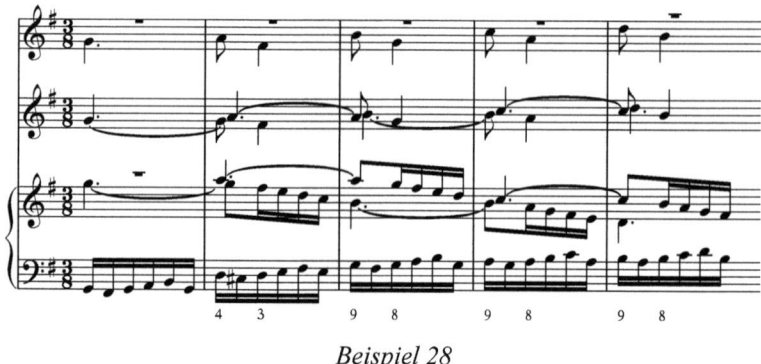

Beispiel 28

Oberes System: die Phantasia simplex ist eine einfache, sekundweise steigende, einstimmige und sequenzielle Melodie, deren Baustein die fallende Terz ist. System darunter: Diese Melodie wird nun fingerpedalisiert. So entsteht eine Vorhaltskette, deren Baustein den Patiens nach unten drückt, die aber dennoch insgesamt steigt. Das ist nur möglich, indem die beiden Oberstimmen sich ständig und taktweise kreuzen. Jene Stimme, die eben noch als Patiens nach unten gedrückt wurde, revanchiert sich nun, indem sie den vormaligen Agens überbietet und ihn seinerseits nach unten drückt. (Das erinnert an das Kindergartenspiel der Hände, bei der die Hand, die oben liegt, alle anderen herunterdrückt. Die eben noch heruntergedrückte versucht nun, wiederum schnell nach oben zu kommen.)

Nun sehen wir, daß beide Oberstimmen dieselbe Melodie haben: Sekunde runter, Quarte rauf, der Sopran aber setzt um eine Sekunde höher als der Alt ein(Alt Takt 1 g, Sopran Takt 2 a). Das aber ist ein Kanon in der Obersekunde. Dem Ohr erschließt er sich nicht unbedingt, da die latent einstimmige Sequenz, die ihm zugrunde liegt, den Kanon abbindet. Hier setzt der zweite Schritt der Ornamentationsarbeit Bachs an (rechte Hand der Endfassung): Er vermeidet die Stimmkreuzungen, indem er aus der steigenden Quart eine fallende Quint macht. Diese füllt er, wie im Septimenkanon, mit einer Sechzehnteltirata aus. Die Melodik wird so in den beiden Oberstimmen eigenständig profiliert, die Sechzehntel wandern von Stimme zu Stimme. - Der Baß tritt hinzu und definiert die Vorhaltsbildungen als Fauxbourdon aufwärts mit der Bezifferung 9-8, wie wir es auch vom Beginn des Chores „*Ehre sei Gott*" aus dem zweiten Teil des Weihnachtsoratoriums kennen oder dem bewegenden Thema des zweiten Satzes des *Doppelkonzerts d-moll* für zwei Violinen, oder auch aus der Fantasie G-Dur BWV 572 für Orgel, Takt 29 ff (Gravement). Hier aus dem Musikalischen Opfer J.S. Bachs die erste große Zwischenspiel-Sequenz aus dem Ricercare a 6 (Takt 29-39 et.al. in Doppelmensur):

Beispiel 29

Die Sequenz schließt hier an das Thema regium im Baß an (3. Doppelmensur des Beispiels). Ansatz in g-moll. Das a auf der zweiten Ganzen im Baß ist Agens, der Nonenvorhalt b-a als Patiens liegt im Alt. Nehmen wir den Sekundakkord als Vorlage, müsste der Patiens a nun eine Quinte fallen nach d und diesen Sprung durch eine Tirata ausgleichen. Das passiert auch hier, wird aber auf eine andere Stimme verteilt - nämlich auf den Sopran (g-f-e-d). So geht es weiter; nächste Mensur: der Nonen vorhalt c-b liegt im 1. Alt, die Tirata a-g-f-es im 2. Alt. Die Tirtaten-Bezifferung 9-8-7-6-5, wie sie im Sekundkanon erscheint, teilt sich hier auf zwei Stimmen auf: 9-8 in der einen und 7-6-5 in der anderen. 7-6 ist neben 9-8 der zweite Patiens, doch bleibt dessen Auflösung nur Episode, führt er doch über den Durchgang 6-5 weiter zum Zielton. Wir haben hier eine für Bach typische kontrapunktische Konstellation, wie wir sie auch in den Choralbearbeitungen häufiger antreffen: Eine Vorhaltsauflösung leitet eine Durchgangsbewegung ein und daher selbst wie ein *betonter Durchgang*.

Das heißt: Der Sekundkanon der Goldbergvariationen ist eine *heteroleptische Fassung* der ersten steigenden Episodensequenz aus dem Ricercare à 6 aus dem Musikalischen Opfer.

Kehren wir noch einmal zurück zum Sekundkanon, indem wir uns noch einmal versuchen, uns die Frage zu stellen, ob unser Ohr tatsächlich vordergründig einen Sekundkanon wahrnimmt oder nu" eine sequenzielle Imitation des Fauxbourdon 9-8. Konterkariert die Einfachheit des Gerüstsatzes die unmittelbare Erfahrbarkeit durchgehend kanonischer Strukturen zugunsten satztechnischer Eleganz, die wir deshalb im Nachhinein verwundernd bestaunen, weil in ihr überraschend eine komplexe Kontrapunktik gleichsam „subkutan" verborgen liegt und der Komponist den Instinkt hatte, diese zu entdecken und herhauszuholen?

Der Nonenkanon der Goldbergvariationen hat naturgemäß dasselbe Intervallverhältnis der Kanonstimmen: Dux-Stimme g, Folgestimme a. Der Gerüstsatz ist hier aber ein anderer wie im Sekundkanon und muß ein anderer sein, da die Oktavspreizung, also der weite Abstand der Kanonstimmen, nur einen zweistimmigen

Satz zuläßt:

Beispiel 30

Als Gerüstsatz nehme ich hier einen Fauxbourdon/Quintfall an, wie er ja in den ersten vier Takten des Goldberg-Basses angelegt ist. Wenn wir uns vorstellen, daß wir das Fingerpedal in der rechten Hand lösen (ähnlich wie im Septimenkanon), sehen wir die steigende Quarte des Basses g-c (Takt 1) im zweiten Takt in der Oberstimme im Nonenabstand übernommen (a-d). Schauen wir auf die Fassung Bachs. Er füllt, wie auch in den Kanons zuvor, die steigende Quart mit einer Tirata aus, doch dabei bleibt es nicht: Der „Aufwärtssog" der Tirata schießt gewissermaßen über den oberen Ton c hinaus und überbietet ihn mit der Terz e. Das heißt aber auch, daß diese Stimme heteroleptisch ist insoweit, als in Takt 1 der erste Ton g zum Baß, der Zielton e jedoch zum Sopran gehört. Das a der Folgestimme in Takt 2 steht natürlich im Alt, der Zielton fis erscheint in der dreistimmigen Fassung nicht; denn der dreistimmige Fauxbourdon/Quintfall basiert auf Aus*terzung* des Basses durch die Oberstimmen. Die Akkordquinten werden nur im vier- oder mehrstimmigen Satz ergänzt.

Aber vielleicht ist die Reduktion auf den Fauxbourdon/Quint-fall zu kompliziert oder zu spekulativ. Hier ein anderer Vorschlag:

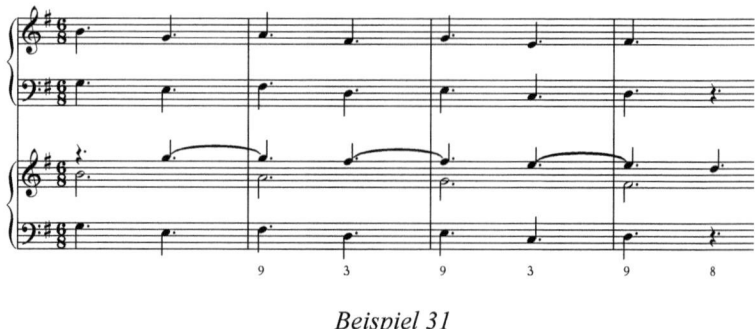

Beispiel 31

Fonte mit terzparalleler Oberstimme zum Baß. Der Nonenka-non ist hier ganz *unmittelbar* ersichtlich. Das untere System zeigt die rechte Hand mit Fingerpedal und Oktavtranspositionen, um die Vorhaltskette zu verdeutlichen: Angesichts dessen wäre die rechte Hand des Nonenkanons eine Heterolepsis zwischen Alt und So-pran. Tatsächlich ist das womöglich die einfachere Deduktion -

Zum letzten Takt der Endfassung (vorletztes Beispiel 30): Hier weicht der Baß ab, zu erwarten wäre d und h mit Sextsprung auf-wärts. Was ist der Grund für die Abweichung? Dazu ist ein Blick auf den Goldbergbaß nötig und darauf, was in Takt 5 geschieht:

Beispiel 32

Die Ruggiero-Klausel setzt an mit G-Dur Terzbaß. Würde der Baß die Sequenz durchziehen, müßte die Oberstimme mit dem

Sextsprung aufwärts e-c antworten. Dadurch, daß Bach die Phantasia simplex verläßt bzw. wechselt (c-fis Takt 4), kann die Oberstimme im Folgetakt d-g bringen - der G-Dur-Sextakkord ist also gerettet. Auch hier können wir staunend verfolgen, wie ein ornamentaler Kontrapunkt in einen comprehensiven übergeht, wenn nicht der comprehensive durch die *Möglichkeit* zweier Gerüstsätze (wie gesehen Fauxbourdon/Quintfall und terzparalleles Fonte) sogar von vornherein in die Konzeption eingreift.

Werfen wir nun einen Blick auf den Unisonokanon der Goldbergvariationen:

Beispiel 33

Gehen wir von einem Gerüstsatz aus, bei dem der Baß sekundweise fällt, also einem einfachen Fauxbourdon, so ist das harmonische Tempo ganztaktig. Die Altstimme ist der Dux des Kanons und figuriert die zum Baß terzparallele Mittelstimme des Fauxbourdon. Aber der Comes im dritten und vierten Takt hat Probleme: denn diese terzparallele Mittelstimme wird, da der Baß beim Sekundschritt e-d angelangt ist, zu Quintparallen! An dieser Stelle kommt das comprehensive Element ins Spiel, denn allein mit ornamentalem Kontrapunkt ist dieses Problem nicht zu lösen. Der Schlüssel liegt im *Zählwert* des Metrums, genauer: dem Zählwert, der das kontrapunktische Geschehen bestimmt. Das entspricht dem, was in der Mensuralnotation „*Integer Valor*" genannt wurde, ein Begriff, den ich übersetzen würde mit „der ganze Wert",

„der übergeordnete Wert". Ornamental gesehen ist dieser Integer Valor des Gerüstsatzes *ganztaktig*. Bach fährt diesen Wert nun auf die *Sechzehntel*-Ebene herunter, also auf die Ebene des Ornaments. *Das Ornament also wird seinerseits zum Gerüstsatz des Satzes.* Nur dadurch wird die Quintparallele zwischen Baß und Alt aufgefangen. Dann macht der Alt von Takt 3 zu 4 einen Quintschritt abwärts (e-a). Das ist eine *oberquinttransponierte Baßklausel* zur Tenorizans e-d. Trotzdem bleiben die *Akzentquinten* auf den jeweiligen Einsen der Takte 3 und 4 erhalten. Sehen wir uns zum Vergleich den Oktavkanon an:

Beispiel 34

Die beiden unteren Systeme zeigen den unornamentierten Gerüstsatz des Kanons, wie er in der oberen Akkolade angedeutet ist. Von Takt 3 auf Takt 4 wird deutlich, wie die Quinte bei einer Tenorizans, einem sekundweise fallenden Baß also, zu behandeln ist. Sie wird aufwärts in die Sexte geführt, die sich dann, auf der nächsten Eins, in Gegenbewegung zum Baß in die Oktave auflöst. Die Diskantklausel cis-d ist nicht nur Prinzipalstimme; sie ist auch (und lediglich) ein bloßer Durchgang, der h und d verbindet. Die kadenzielle Bewegung in der Oberstimme h-cis-d entspricht der von mir so genannten Ruggiero-Klausel. Die kanonische Vorlage dieses 5-6-Durchgangs ist ein 3-4-Durchgang von Takt 1 auf Takt

2. Vierstimmig wäre die Bezifferung 3-4# Teil eines Sekundakkordes 2/4#/6. Dieser, wiewohl er ein Durchgangssekundakkord ist, gibt der unbetontesten Taktzeit, der 6. Achtel des ersten Taktes, einen Betonungsimpuls; denn der vollständige Sekundakkord hat, unabhähngig von seiner metrischen Verortung, ein starkes Agens-Potenzial. Die Frage ist, ob Bach bei der Ornamentation des Basses (obere Akkolade Takt 1, Auftakt zu Takt 2) die Kraft dieses Gerüstsatz-latenten Sekundakkordes gewahrt wissen möchte, oder ob er sie aufzuweichen trachtet, indem er die Tenorizans zur Terz von D-Dur (e-fis, und damit eine einfache Sextparallele zwischen Baß und Alt) einschiebt. Gleichviel: Ich glaube, man kann sagen, daß der Oktavkanon den Unisonokanon in gewisser Weise „korrigiert". Diese Vorgehensweise ist comprehensiv, nicht ornamental. Sie ist aber aus den ornamentalen Gegebenheiten des Basses gewonnen.

Ich möchte nun zun kontrapunktischen Texturen kommen, die nahezu vollständig comprehensiv sind. J.S. Bach, Canonische Veränderungen über das Weihnachtslied „Vom Himmel hoch", Oktavkanon:

Beispiel 35

Die kontrapunktische Technik, die dem Stück zugrunde liegt, ist das von mir so genannte „Passagio". „Una passagiata" (ital.) heißt „Spaziergang"- und den machen die beiden verzierten Gegenstimmen über dem Choral-Cantus-firmus. Sie tun das, indem sie sich parallel skalenförmig in Terzen oder Sexten bewegen. Diese eine Bewegungsform, das lernen wir von Monteverdi aus der „Marienvesper", ist auf einen überschaubaren übergeordneten harmonischen Verlauf angewiesen, der entweder tonartlich stagniert oder aber in ein regelmäßiges und relativ einfaches sequenzielles System fallender oder steigender Quinten mündet. Letzteres finden wir in den Takten 53-57 des Contrapunctus 5 der Kunst der Fuge:

Beispiel 36

Dieser stagnierende Fläche begegnen wir in diesem Ausschnitt des Oktavkanons aus der Orgelmesse gleich in den ersten beiden Takten wieder. (Beispiel 35). Die harmonische Bewegung kommt nicht von der Stelle, sie steht in C-Dur, ist also ein einfacher Orgelpunkt. Die Bewegung im Kanon der Oktave bereitet daher keine Probleme, da der Comes die Ornamentation des Dux übernehmen kann, ohne Rücksicht nehmen zu müssen auf eine harmonische Entwicklung: C-Dur bleibt C-Dur. Das hat schon der Knabe Adrian Leverkühn in Thomas Manns Roman „Doktor Faustus" erkannt, als die Magd, die alle die „Kuh-Hanne" nennen, ihm und den anderen Kindern den Kanon „*Oh wie wohl ist mir am Abend*" beibringt. Denn die zweite Zeile heißt: „*Wenn von fern die Glocken läuten*". Doch Glockengeläut entwickelt sich nicht harmonisch, sondern pendelt: C-Dur bleibt C-Dur. Der Passacaglia-Baß aus dem Variationszyklus „*The Bells*" von William Byrd besteht nur aus zwei Tönen, der Tenorizans d-c, später abgewandelt zur Perfecta G-C, Dominante-Tonika. So tönen die Glocken am Abend. Das alles erklärt die „Kuh-Hanne" den Kindern natürlich nicht. Ihr genügt es, ihnen einen freundlichen Stoß mit dem Ellbogen zu versetzen, wenn der nächste Stimmeneinsatz kommt. Aber der junge Leverkühn reimt es sich im Kopf zu sammen, ohne von Byrd oder Bach etwas zu wissen. Er merkt, daß es möglich ist, die einzelnen Phrasen des Kanons *untereinander* zu notieren, und siehe da, sie funktionieren als mehrstimmiger Satz. Singt man diese Phrasen, die im mehrstimmigen Satz untereinander stehen, nacheinander (also gewissermaßen als Heterolepsis), dann ist das die Kanonmelodie. Die Zusammenklangskategorien sind einfach: Terzparallelen („*Oh wie wohl ist mir am Abend*" zu „*Wenn von fern die Glocken läuten*") und Quartpendel, alles über einem liegenden C-Dur-Akkord.

Beispiel 37

Das ist auch grundlegend für die vielstimmigen und übersättigten Kanons der franko-flämischen Schule: Das „*Deo gratias*" von Johannes Ockeghem hat 36 Stimmen, das „*Qui habitat*" seines Schülers Josquin 24, und beiden gemeinsam ist, daß deren Harmonik stagniert: auch hier hören wir eine pendelnde Glockenharmonik. Eigentlich ist das nichts anderes wie in diesem kleinen Kanon, oder in dem Kanon „*Frère Jaques*". Auch hier warten die Glocken darauf, geläutet zu werden *(„...Sonnez les mattines")*, doch der kleine Mönch verschläft.

Bach hat das Privileg eines durchgehenden harmonischen Glockenpendels im Oktavkanon der Vom Himmel hoch - Variationen nicht, denn der Choral entwickelt sich weiter. Immerhin gibt es einige Möglichkeiten, über C oder G in Terzen und Sexten zu passagieren. In dem oben gezeigten Ausschnitt sind das die Takte 1 und 2 und die Takte 4 auf drei - Takt 7.

Bleiben wir bei Takt 7, siehe das folgende Beispiel Nr. 38. Der gebrochene C-Dur-Akkord im Baß suggeriert eine problemlose stagnierende C-Dur-Fläche. Doch hütet sich Bach auf Zählzeit 2 und 3 vor dem dissonanten Quartsextakkord. Der Ton h auf Zählzeit zwei im Sopran statt der Quarte über dem Baß c ist nötig und muß auf dritter Zeit vom Comes wiederaufgegriffen werden. Das macht auch keine Probleme, da der Baß das G wiederholt. Interessant ist aber der Vergleich von erster und zweiter Zählzeit. Die Terz c-a auf dritter Achtel im Sopran ist *konsonant.* Auf der sechsten Achtel sind c-a, nunmehr in der kanonischen Folgestimme, *dissonant,* nämlich Quart und Sekund, da der Baßton (und somit Choralton) nach g gewechselt hat.

Wie löst Bach dieses Problem? Die Antwort ist wie im Unisonokanon der Goldbergvariationen gegeben: indem er den *integer valor* auf die Sechzehntelebene herunterfährt. Durch die *Bewegung* nämlich kann jeder Ton *umspielendes Ornament und Gerüstsatz* gleichzeitig sein. Auf der ersten Zeit, dritte Achtel im Sopran, sind c und a Grundton und Sexte des Akkordes, auf der zweiten Zeit umspielen sie dissonierend die Terz von G-Dur (Takt 7 Oktavkanon):

Beispiel 38

Noch deutlicher wird das im zweiten Takt. Hier eine Reduktion:

Beispiel 39

Konsonanz und Dissonanz kehren sich von erster zu zweiter Zählzeit um, da der Oktavkanon eine Wiederholung auf gleicher Tonhöhe fordert, der Baß aber eine Sekunde fällt:

Zählzeit 1, rechte Hand: d und h sind konsonant, c und e dissonant. C und e umspielen, also ornamentieren, die Terz d, die aber latent bleibt und von der Quinte fis ersetzt wird. Das ist nötig, weil die Terz d auf nächster Zählzeit zur Quarte werden würde. Die Quinte über h (fis) aber wird zur Sexte über a und bleibt damit auch in der Folgestimme konsonant. Die Töne c und e, die auf erster Zeit über dem Baßton h dissonierten, sind nun, auf zweiter Zeit, über dem Baßton a konsonant. Die ersten beiden Sechzehntel auf erster Zeit, d und h, sind dort konsonant über dem Baßton h, auf zweiter Zeit über a jedoch dissonant. Vergleichen wir die fallende Tirata auf vierter Zeit mit ihrem Comes auf der ersten Zeit des Folgetaktes, und zwar nur mit Blick auf die Abfolge von Konsonanz und Dissonanz.

Beispiel 40

Das Phänomen ist einfach, die Stelle beispielhaft: Die Konsonanz-Dissonanz-Abfolge kehrt sich im Comes um, da der Baß eine Sekunde von g nach a steigt. Aus unbetonten Durchgängen werden betonte. Aus jedem *Transitus* wird ein *Quasi-Transitus*. Vergegenwärtigen wir uns das noch einmal anhand folgenden einfachen Beispiels:

Beispiel 41

Wahrnehmung und Erkenntnis

Mehrfach stellte sich bis jetzt die Frage nach dem Antagonismus zwischen sinnlicher Wahrnehmung und dem, was hinter ihr verborgen liegt und sich erst auf den zweiten Blick erschließt möglicherweise sogar gar nicht wahrnehmbar ist.

Diese beiden Ebenen spielten in der Kunst seit der Renaissance eine absolut gleichberechtigte Rolle.

Die Ebene der Sinne nenne ich *Sensus*, die Ebene des dahinter Verborgenen *Scopos*.[37] Dabei hat der Scopos seinerseits verschiedene Schichten. Er kann sich auf der Ebene rein handwerklicher Könnerschaft bewegen und versuchen, die Frage nach dem „Wie" zu beantworten: wie ist das gemacht, was ist das Geheimnis der Könnerschaft? Eine weiter Schritt ist die Frage nach dem „Warum". Warum erscheint hier ein Kanon, warum in diesem Einsatzintervall? Schließlich können wir die Suche nach dem Scopos durch einen letzten Schritt vertiefen, indem wir nach der Bedeutung fragen und auch nach dem Geheimnis, dem Rätsel, dem codierten Enigma.

Bleiben wir einen Moment bei der Wahrnehmung. Bei den ornamentalen Kanonbildungen, wie wir sie in den Goldbergvariationen beispielhaft vorgeführt bekommen, bindet das einfache Sequenzmodell den Kanon ab. Wir nehmen die Sequenz wahr und deren Verzierung, die sich nicht auf eine Stimme beschränkt, sondern zwischen zwei (oder mehreren) Stimmen pendelt. Vergleichbar ist das mit einem Effekt, der auf der Bühne entsteht in glücklichen Momenten, dann nämlich, wenn ein Spieler verziert, der Laune des Augenblicks folgend, und ein anderer Spieler dieses

---

[37] σκοποσ, (griech.), das Ziel, die Absicht

Ornament übernimmt. Ich würde behaupten, daß das Ohr diese Erfahrung auf das Ineinanderwirken der Stimmen überträgt, nicht aber einen streng durchlaufenden Kanon entdeckt. Auch steht die einfache Vorhaltskette, die ja mit der Phantasia simplex einher geht, im Vordergrund. Daß sich aus ihr ein Kanon etabliert, nehmen wir bestenfalls verzögert wahr, wahrscheinlich aber erst nach eingehendem Studium der Partitur.

Wie verhält es sich bei der Fuge? Beim einstimmigen Erklingen eines Fugenthemas das zugrundeliegende Modell zu erkennen und es in der Exposition zu vervollständigen ist die eigentliche Aufgabe des Improvisators. Herausgefordert ist hier zunächst das *imaginative*, das innere Gehör. Die einstimmige Melodie des Dux fordert die *Fantasie* heraus, den Gerüstsatz zu ergänzen. (Es ist also mehr als eine begriffliche Koinzidenz, daß Vogt diesen Gerüstsatz „Phantasia" nennt.) Diese Ergänzung fällt umso leichter, je eindeutiger dieses Modell ist.

Wenn die Folgestimmen nach und nach hinzutreten und sich das Modell vervollständigt, tritt es aus der Sphäre der Vorstellung hinaus in die Realität sinnlicher Wahrnehmung. Wenn die kompositorische Ausformung unsere Vorstellung einlöst, lehnen wir uns möglicherweise befriedigt zurück. Wenn nicht, kann uns das enttäuschen oder aber, günstigerenfalls, in spannungsvolles Erstaunen versetzen. Hier betreten wir das Gebiet der *Induktion*. Die Induktion schließt die Kategorien der *Möglichkeit* und der *Erwartung* ein. Beide werden gespeist von unserer *Erfahrung*. Wir snd nicht nur rezeptive Wesen, die ein Kunstwerk ausschließlich in seiner äußerlichen Erscheinung sinnlich wahrnehmen als fait accompli. Sondern wir sind am Werk mit großer Aktivität beteiligt. Unsere Fantasie hat die wunderbare Fähigkeit, Ereignisse, die nicht (oder noch nicht) erklingen, zu ergänzen oder zu antizipieren. Das Spannungsfeld also zwischen diesen beiden Kompetenzen, der rezipierenden und der induzierenden, der wahrnehmenden und der ergänzenden, ist wesentlich für die Kunst. Wir werden auf diese Weise, um Bertholt Brecht zu zitieren, zu *Nachschaffenden* eines Werkes.

Ein einfaches Beispiel: Beim Lesen eines Kriminalromans entwickeln wir schon auf den ersten Seiten Theorien, wer der Täter sein könnte. Die formale Herausforderung an den Autor ist, diese Theorien zu wecken und gleichzeitig zu entscheiden, ob er ihnen entspricht oder nicht. Die Qualität eines solchen Romans bemißt sich weitgehend daran, ob und wie dieses Verhältnis bedient wird. Wir empfinden das als *Spannung*. Ohne Induktion aber, die sehr viel mit *Neugier* zu tun hat, könnte sich diese Spannung nicht entfalten.

Aus mehreren Gründen ist es aber in der Musik weitaus schwerer, die ergänzende Induktion ins Spiel zu bringen. Zum einen bedarf es einer gewissen Schulung und Übung, um aus einem einstimmigen Comes sofort den kontrapunktischen Gerüstsatz im inneren Ohr zu ergänzen. Zum anderen ist Musik als Kunstform, die sich in der Zeit entfaltet, ein flüchtiges, und schnell vorüberziehendes Ereignis. Unsere Vorstellungskraft hat nicht viel Zeit, sich zu entfalten. Es gibt aber eine Möglichkeit, die musikalische Zeit gewissermaßen „anzuhalten": der gemütlich-analytische Blick in die Partitur. Dieser erlaubt uns, in aller Ruhe Dinge wahrzunehmen, die dem äußeren, sinnlichen Gehör verschlossen bleiben. Daher ist dieser Blick unser „*zweites Gehör*". Es agiert inwendig. Beide Gehörsinstanzen helfen sich gegenseitig, aber bereiten sich auch immer wieder Überraschungen. Ich denke, daß es ein wünschenswertes Ziel ist, deren Pas-de-deux zu äußerster Vollkommenheit zu verhelfen.

Es ist schwer zu sagen, welche der beiden kontrapunktischen Techniken, die ornamentale oder die comprehensive, eher vom sinnlichen Gehör sofort erkannt und verstanden wird und welche eher des Studiums bedarf. Der erste Oktavkanon aus den *Vom Himmel hoch-Variationen* Bachs ist, wie ich gezeigt habe, comprehensiv und doch für das Ohr gut zu erkennen. Der zweite Oktavkanon aus dem Zyklus, *per augmentationem,* auch comprehensiv, ist aber hörend kaum noch nachvollziehbar. Er existiert *im Verborgenen*, jenseits der sinnlichen Wahrnehmung. Also ist er auch nicht für die sinnliche Wahrnehmung gemacht, sondern für das Studium. Hier greift die Kategorie des *Lehrwerks*, das ja für Bach eine wichtige Rolle spielt.

3. Spiegelformen

Vertikaler Spiegel - Cancrizans

Eine Melodie, die an einer horizontalen Achse gespiegelt ist, erschließt sich dem Ohr meistens sofort, wie man am Thema der Kunst der Fuge beispielhaft sieht:

horizontale Spiegelachse
(Oberquint-modus, Terz ist gleich)

Beispiel 42

Ganz anders verhält es sich mit dem Krebs. Es dürfte schwer fallen, sich einen Krebs vorzustellen, ihn zu singen oder hörend zu erkennen:

vertikale Spiegelachse
(Krebs)

Beispiel 43

Beispiel 42: Die natürliche horizontale Spiegelung ist jene im Quintmodus bei gleicher Terz. Die Terz, in diesem Fall f, bleibt in der Originalgestalt (recte) und der Spiegelung (all'iverso) gleich. Sie ist das Zentrum und damit die *harmonische Spiegelachse*. Um sie herumwird der Grundton wird zur Quinte und die Quinte zum Grundton. Grundton und Quinte werden von deren Leittönen umrahmt. Der Leitton von unten in den Grundton, das *Subsemitonium modi*, und der Leitton von oben in die Quinte, das *Supersemitonium modi*, treffen aufeinander - in diesem Fall sind es die Töne cis (Leitton zu d) und b (Leitton zu a).

Die Fugenthemen, die diese Töne zitieren, sind zahllos.[38] Sie sind ohne Ausnahme an der Terz gespiegelt. Das ist sicher einer der Gründe, warum Giovanni Maria Bononcini in seinem Tractat *„Musico Prattico"*[39] fordert, daß ein Fugenthema all jene Töne bringen sollte, die einen Modus charakterisieren, „weil sie alle Haupttöne der Oktave umfassen, die einen Modus bildet" *„perché abbracciano tutte le corde principali dell'ottava, che forma il tuono"*. Das entspricht dem Grundton und der Quinte mitsamt deren Leittönen - eine, wie gesagt, sehr „spiegelungsfreundliche" Konstellation.

Beispiel 44

Beispiel 43: Der Krebs hingegen ist eine Konstellation, die Bach in der Kunst der Fuge meidet. Überhaupt finden wir im Werk J.S. Bachs so gut wie keine krebsgängigen Partien, denn er hat kein ornamentales und damit aus der Improvisation gewonnenes Potenzial. Er ist ausschließlich in der comprehensiven Welt zu Hause. *„Der einzige Krebs im Bache"* - mit diesem Wortspiel aus dem Umfeld Bachs wird darauf verwiesen, auch wenn sein Schü-

---

[38] z.B.: Bach: Kunst der Fuge, Thema regium aus dem Musikalischen Opfer; Fuge g-moll WKI; „Der saure Weg ist mir zu schwer" (aus der Motette „Komm Jesu Komm"); Fuge a-moll WKII; Mozart, Fuge c-moll für Streichquartett KV 546

[39] Giovanni Maria Bononcini: *Musico Prattico che brevemente dimostra il modo di giungere alla per- fetta cognizione...*, Bologna 1673

ler Johann Ludwig Krebs gemeint ist. Mir sind nur zwei Stücke *cancrizans* bekannt: Der erste *Canon simplex* aus den 14 Kanons über die ersten acht Takte des Goldberg-Basses, BWV 1048, und der Canon cancrizans aus dem Musikalischen Opfer, BWV 1079.

Dieser Krebskanon ist beim Blick in die Partitur sofort erkennbar. Für das *Ohr* aber bleibt er undurchschaubar: Der Comes läuft simultan zum Dux von hinten nach vorne. Eine rückwärts laufende musikalische Zeit ist uns aber sinnlich nicht erschließbar, da wir ihr Ende schon vorher kennen müssten, um sie zu erkennen oder aber am Ende den Anfang wiedererkennen müssten, nur rückwärts gespielt.

Ein musikalischer Krebs ist daher ein rein erkenntnistheoretisches, spekulatives Phänomen und zugleich ein Phänomen, das eine technische Könnerschaft auf hohem Niveau voraussetzt.

Wie gesagt neige ich dazu, den Prozeß der Rückläufigkeit (also des Krebses) durch die Vorstellung des *vertikalen Spiegels* zu ersetzen, als Gegenstück und Ergänzung zum *horizontalen Spiegel*. Der horizontale Spiegel hat eine gedachte Spiegelachse parallel zum Notensystem auf der Terz der Ausgangstonart. Der vertikale Spiegel steht gedacht im Winkel von 90 Grad zum Notensystem, also parallel zum Taktstrich. Wir erkennen hier das grundsätzliche Problem dieser Hilfkonstruktionen: der Spiegel ist ursprünglich und von seinem Wesen her ein *optisches Phänomen,* das auf die Musik und damit auf das Phänomen der Zeit übertragen wird.

Werfen wir einen Blick auf den *Canon Cancrizans* aus dem Musikalischen Opfer J.S. Bachs:

Beispiel 45

Dieses originär optische Phänomen wird durch die invertierte Schlüsselung Bachs deutlich. Der Comes setzt zeitgleich mit dem Dux ein, allerdings liest er rückwärts. Der C-Schlüssel samt der Vorzeichnung und der Taktangabe ist entsprechend gespiegelt notiert.

Hier die Auflösung des Kanons:

Beispiel 46

Sie verdeutlicht, wo das handwerkliche Geheimnis des Krebskanons oder des Vertikalspiegels liegt: Es ist die *Symmetrieachse* in der Mitte des Stückes, am Endes des neunten Taktes. Beide

Stimmen laufen ab dort krebsgängig zurück, allerdings vertauscht. Nur durch diesen Tausch wird der Kanon einstimmig darstellbar, wie in Beispiel 42 zu sehen ist. Ohne den Stimmentausch hätten wir zwar zwei in sich vertikal gespiegelte Stimmen, aber es würde kein Kanon entstehen. Mathematisch gesprochen ist der Taktstrich von Takt 9 sowohl eine punktsymmerische als auch diagonal-symmetrische Spiegelung.

Hier eine berühmte Stelle aus dem 20. Jahrhundert, die vertikal gespiegelt ist, aber ohne Stimmentausch. Es handelt sich um die Symmetrieachse im *Intermezzo* aus dem zweiten Akt der Oper *Lulu* von Alban Berg.

Die Rückläufigkeit soll durch eine filmische Zuspielung, die auch rückläufig ist, unterstützt werden, so die Regieanweisung. Dieses reine Orchesterzwischenspiel sitzt dramaturgisch an der Stelle, an der Lulu ins Gefängis geht. Ihre Jahre im Knast werden nicht auf der Bühne gezeigt, sondern durch dieses sinfonische Element kommentiert. Die Symmetrieachse wird durch das Klavier-Arpeggio und das Vibraphon signalhaft gezeigt. Dazu kommt das Tempo: *ritardando, ganz langsam, poco a poco animato*. Bevor die Zeit beginnt, rückwärts zu laufen, stehen die Uhren still. Die gespiegelte Zeit verhält sich wie ein Pendel, das, kurz bevor es zurückschwingt, stillzustehen scheint. Die Rhythmik ist dabei nicht ganz uninteressant: aus punktierten Rhythmen werden lombardische, aus auftaktigen Bewegungen abtaktige. Daß sich der Rhythmus verändert ist aber ein weiteres wichtiges und überaus kennzeichnendes Merkmal für den Vertikalspiegel und gleichzeitig ein Unterscheidungsmerkmal zum Horizontalspiegel, bei dem der Rhythmus erhalten bleibt. Dieser Umstand ist einer der Gründe, warum sich unser Ohr im Horizontalspiegel einigermaßen zurechtfindet. Ist aber der Rhythmus verloren, hat unser Ohr keine Chance mehr und wir brauchen den zweiten Blick in die Partitur, um zu erkennen, was vor sich geht.

Unter diesem Aspekt möchte ich mich noch einmal dem *Canon cancrizans* aus dem Musikalischen Opfer widmen.

Beispiel 48

Die Takte 4-6 werden in diesem Auszug deren Spiegeltakten 13-15 gegenübergestellt. Da die Takte in sich symmetrische rhythmische Bewegungsmuster aufweisen (gleichmäßige Viertel, Synkopen, gleichmäßige Achtel), bleiben diese diesseits und jenseits der vertikalen Spiegelachse gleich. Das betrifft aber nicht die Zusammenklänge. Gliedern wir die Achtelbewegung in Zweiergruppen, so liegt links der Achse die Viertel in der Gegenstimme auf der ersten Achtel, rechts der Achse jedoch auf der zweiten Achtel! - die durch den Spiegel zur ersten Achtel wird.

Bei einer Bewegung zwei gegen eins (hier Achtel gegen Viertel) verschiebt sich der Zusammenklang durch den vertikalen Spiegel *um die Hälfte des größeren Wertes* nach rechts.

Um zu verstehen, wie das bei einer Bewegung vier gegen eins aussieht (also Achtel gegen Halbe), vergleichen wir den ersten und den letzten Takt des Beispiels, und zwar die zweite und dritte Zeit. Hier sehen wir, daß rechts der Spiegelachse die Halbe fis auf die letzte der vier Achtel in der kontrapunktierenden Oberstimme wandert.

Bei einer Bewegung vier gegen eins (Achtel gegen Halbe) wandert also der vertikale Spiegel um *drei Viertel des größeren Wertes* nach rechts.

Wir können also festhalten, daß die Kunst des umkehrbaren Kontrapunkts im Krebs auf *synkopischer Verschiebung* beruht. Die Gegenstimme muß, wenn sie sich synkopisch um eine Achtel verschiebt oder um drei Achtel verschiebt, immer noch funktionieren. Das muß bei der Findung dieser Gegenstimme berücksichtigt werden. Das ist ein enorm *comprehensiver* Vorgang.

Die gespiegelte Stimme verschiebt also die rhythmischen Werte des Dux horizontal um die Hälfte des Wertes bei doppelter Unterteilung (Achtel/Viertel, Sechzehntel/Achtel usw.) und um Dreiviertel des Wertes bei vierfacher Unterteilung (Achtel/Halbe, Sechzehntel/Viertel usw.). Werfen wir einen Blick auf Haydn, genauer auf die Menuette seiner Klaviersonaten. Diese sind ein Tummelplatz kontrapunktischer Spekulationen. Haydn behandelt diese jedoch weniger als reine ehrfurchtsvolle Verbeugungen vor dem Bach'schen Vorbild als vielmehr überraschend angebrachte kontrapunktische „Spiele". Ein schönes Beispiel hierfür ist das Menuett aus der Klaviersonate A-Dur. Hier verschiebt sich die gespiegelte Stimme um 2/3 tel des Wertes, wegen des Dreiviertel-Taktes.

Haydn, Sonate A-Dur (1773), Menuett, Trio. Zu sehen sind hier die Takte um das Wiederholungszeichen herum:

Beispiel 49

Die recht einfache Harmonik verbirgt die comprehensive Schwierigkeit des vertikalen Spiegels und ermöglicht sie zugleich. Besonders auffällig ist das bei den ersten drei Takten des Beispiels. Das harmonische Tempo ist ganztaktig (Wechsel zwischen Sekundakkord und Sextakkord). Das ist an sich für ein einfaches Menuett nichts Außergewöhnliches. Die Oberstimme aber ist in der Originalgestalt und im Spiegel gleich. Das liegt daran, daß sie nur zwischen Akkordtönen hin- und her pendelt. Dieses Pendel bewirkt, daß der jeweils höchste Ton im Takt (T1 e, T2 cis, T3 e) als lokale, taktweise Spiegelachse dient. Diese liegt naturgemäß auf der zwei, sodaß die eins und die drei sich spiegeln.

Die Technik im Großen wie im Kleinen ist also dieselbe, und es ist daher sinnvoll, an dieser Stelle den Begriff *Palindrom*[40] in die Wagschale zu werfen. Wir kennen dieses Wort aus der Welt der Sprachspiele. Es beschreibt ein Wort oder einen Satz, der vorwärts und rückwärts gelesen das Gleiche ergibt. Das längste bekannte Einwort-Palindrom ist wohl das Wort „Reliefpfeiler", eine Übersetzung des kunstgeschichtlichen Begriffes „Pilaster". Die vertikale Symmetrieachse liegt, wie auch bei den musikalischen Beispielen, genau in der Wortmitte.

Ich möchte mich zum Abschluß dieses ersten Teils noch einmal zusammenfassend dem Begriff der Wahrnehmung oder der Wahrnehmbarkeit durch die Sinne und der geistigen oder intellektuellen Erkenntnis widmen. Zunächst noch einmal im Zusammenhang der kontrapunktischen Grundtechniken, des ornamentalen und des comprehensiven Kontrapunkts. Ein Kanon, der aus einer Phantasia simplex, also einem Gerüstsatz, gewonnen wird, wird häufig durch

---

[40] Palindrom, von (griech.) Παλίνδρομος, „rückwärts laufend"

die einfache Melodiebildung der sequenzierenden Vorhaltskette „aufgesogen". Was wir wahrnehmen, ist die imitatorische, zwischen den Stimmen hin- und herpendelnde Verzierung, hinter der sich der strenge Kanon versteckt. Hier bedarf es eines zweiten Blickes, eines analytisch-handwerklichen Studiums der Partitur, damit wir erkennen, daß hinter dieser sequenziellen Ornamentation mehr steckt. Die *Difficulta* besteht hier darin, der *Facilita* die Komplexität eines Kanons oder einer Fuge abzutrotzen. Hier steht die *Facilita* unserer sinnlichen Wahrnehmung im Wege, da wir nicht vermuten, daß in einem einfachen Modell ein komplexer strenger Kanon verborgen sein könnte.

Beim vertikalen Spiegel, der identisch ist mit dem Krebs und dem Palindrom, ist es die Komplexität der rückläufigen Zeit, die sich unserer Wahrnehmung weitestgehend entzieht. Der kontrapunktische Prozeß hat vornehmlich *Difficulta,* und doch ist es erstaunlich und fast schon belustigend, wie Haydn die *Comprehensio* in einen harmonisch ganz einfaches Menuett integriert.

Horizonaler Spiegel

Der horizontale Spiegel enspricht weitaus mehr unserem musikalischen Empfinden und unserer grundlegenden Vorstellung melodischer Symmetrie. Er ist bereits in der Idee des „*Abbrachiare tutte le corde"* angelegt. Eine Melodie, die an der Terz gespiegelt ist, so daß der Grundton zur Quinte wird und die Quinte zum Grundton, das Supersemitonium zum Subsemitonium und umgekehrt, ist auch ohne Partiturvorlage, nur aus der Vorstellung, gut nachsingbar.

Schwerer wird es, wenn die Originalfassung gespiegelt und gleichzeitig rhythmisch vergrößert wird. Dazu ein Beispiel: die Ornamentation des Fugenthemas aus der Kunst der Fuge im „Canon per augmentationem in motu contrario"...

Beispiel 50

... und seine Spiegelung im Contrapunctus 15 ab Takt 5:

Das obere System gibt die spätere Fassung des Cp 15 wieder, das mittlere System die frühere Fassung. Stellen wir uns vor, wie beide Fassungen aussehen, wenn sie später in verdoppelten Notenwerten und gespiegelt im Baß erscheinen. Die ältere Fassung ist weitaus „linearer", also weniger heteroleptisch. Wenn sie im Baß liegen wird, werden wir tatsächlich den Eindruck haben, daß es sich um eine Generalbaßlinie handelt, genauer gesagt um einen *Andante-Baß"*, wie er für das Hochbarock ein sehr wichtiges und verbreitetes Idiom darstellt. Die Achtel schreiten im Generalbaß gleichmäßig fort. Über ihnen entfaltet sich dann eine Kantilene, die im italienischen Stil mit willkürlichen Veränderungen verziert ist. Die spätere Fassung, dargestellt im oberen System, ist heteroleptischer, lebendiger, greift weiter nach oben aus und reflektiert die steigende kleine Sext des Themas. Hier werden wir später, im augmentierten und gespieglten Kanon, eher den Eindruck einer wirklich selbstständigen Gegenstimme gewinnen. Diese liefert, unter anderem durch die heteroleptischen Sextsprünge, fast vollständige modellhafte Strukturen, die dann im Baß liegen werden. Diese machen es schwerer, eine organische Generalbaßbezifferung zu installieren.

Gleich welche Fassung wir aber in Beispiel 51 wählen: es ist natürlich, daß die Aufmerksamkeit auf der rechten Hand ruht und wir den Baß tatsächlich als Fundmentstimme, als Cotinuo, wahrnehmen. Daß der Baß in Verdoppelung der Notenwerte kanonisch zum Baß läuft, erschließt sich hier erst dem Blick des neugierig Studierenden.

Komplettspiegel

Eine andere Technik, dem horizontalen Spiegel eine hohe *Difficulta* zu verleihen, die über eine gut entwickelte *Comprehensio* verfügt und durch den Sensus nur äußerst begrenzt wahrnehmbar ist, ist die *vollständige Spiegelung eines Satzes* - nicht nur einer Melodie, eines Fugenthemas oder Chorals. Dazu ein Beispiel von Dietrich Buxtehude - ein kleiner Ausschnitt aus seiner Choralbearbeitung *„Mit Fried und Freud ich fahr dahin"*, gedruckt im Jahre 1674 und komponiert anläßlich der Totenfeier seines Vaters:

Beispiel 52
Dietrich Buxtehude, „Mit Fried und Freud ich fahr dahin", Contrapunctus II und

Oberhalb der roten Linie habe ich die Bearbeitung des ersten Choralverses platziert, und zwar die ungespiegelte Ausgangsfassung (rectus). Unterhalb der Linie sehen wir die Spiegelung des kompletten vierstimmigen Satzes (inversus). Beides wird nicht gleichzeitig gespielt, sondern nacheinander. Die rote Linie ist die horizontale Spiegelachse für alle vier Stimmen. Wenn wir die Originalfassung von unten nach oben lesen, heißt das für den Spiegel, daß sich die Stimmen von oben nach unten anordnen:

Der Baß wird zum Sopran.

Der Tenor wird zum Alt.

Der Alt wird zum Tenor.

Der Sopran wird zum Baß.

Das bedeutet, daß nicht nur jede einzelne Stimme melodisch gespiegelt wird, sondern auch die *Anordnung* der Stimmen.

Ebenso verfährt auch Bach im *Contrapunctus 18* der Kunst der Fuge. Hier ein kleiner Ausschnitt:

Beispiel 53: J.S. Bach, Die Kunst der Fuge,
Contrapunctus 18, rectus und inversus, Takt 8-12

Optisch ist diese Form des Spiegels beeindruckend konsequent. Dennoch ist sie nicht selbstverständlich. Im dreistimmigen *Contrapunctus 16* der Kunst der Fuge werden die Stimmen von der Fassung rectus zur Fassung inversus so angeordnet:

Der Alt wird zum Sopran.

Der Baß wird zum Alt.

Der Sopran wird zum Baß.

Beispiel 54: Bach, Kunst der Fuge, Contrapunctus 13, Takt 8-11

In der Spiegelung vertauschen Sopran und Alt ihre Rollen: denn eigentlich müßte der Baß zum Sopran werden, der Alt aber würde Alt bleiben. Er wäre im dreistimmigen Satz die *Symmetrieachse* der Stimmen. Also müsste die Anordnung der Stimmen so aussehen:

Der Baß wird zum Sopran

Der Alt bleibt Alt

Der Sopran wird zum Baß

Bach verhindert das aber und erreicht damit zweierlei: Erstens vertauschen *alle* Stimmen im Spiegel ihre Rollen, keine bleibt am Ort. Und zweitens verlagert sich die kontrapunktische Grundschwierigkeit eines Komplettspiegels vom Sopran zum Alt. Wie aber sieht diese Grundschwierigkeit aus?

Um das zu verstehen, spiegeln wir zunächst die einfachste aller Melodien, die Skala, im Modus der Oberquinte bei gleichbleibender Terz.

Beispiel 55

Hier sehen wir, welche Töne in der rectus-Fassung der inversus-Fassung entsprechen. (Beides erklingt nicht gleichzeitig, auch wenn die Akkolade das nahelegt. Die „rechte Hand" ist der Spiegel der „linken Hand" und erklingt nacheinander. Das gilt auch für alle folgenden Beispiele.)

Der Grundton wird zur Quinte, die Quinte zum Grundton, die Terz bleibt gleich und ist Spiegelachse. Die Töne e/g und g/e rahmen sie ein. Im harmonischen Moll, wie hier, treffen die Strebetöne cis und b aufeinander, das Super- und Subsemitonium Modi.

Als nächsten Schritt setzen wir auf jede Stufe (oder *unter* jeder Stufe im Spiegel!) einen Grundakkord, um die Harmonik im Spiegel einander gegenüberzustellen.

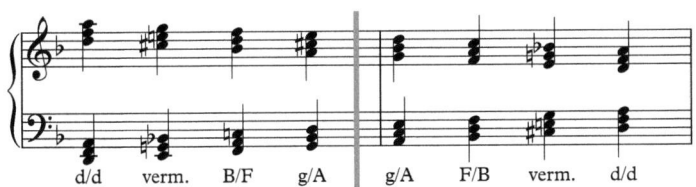

Beispiel 56

Interessant ist hier mehreres:

Erstens: es liegt ein verminderter Akkord auf der 2. und 7. Stufe. Dabei ist es wichtig, zu bedenken, daß die Akzidentien im Spiegel flexibel sind. Es wäre also auch denkbar, daß hier E-Dur und c-moll aufeinander treffen.

Zweitens: beim vierten und fünften Akkord stehen die Dominante und die Subdominante einander gegenüber - oder die plagale und authentische Ebene - oder die Clausula perfecta und die Acquiescens: also g-moll und A-Dur. Auch hier kann aber die chromatische Folie anders sein (z.B. ein verminderter Akkord auf gis und ein verminderter auf a im Spiegel).

Drittens: nach dem ersten Takt gibt es eine vertikale Symmetrieachse (siehe Einzeichnung). Die Akkord-Koinzidentien links und rechts davon sind gespiegelt.

Nun möchte ich mich, wie angedeutet, der Grundschwierigkeit der Komplettumkehrung zuwenden. Es ist die Quarte.

Um das zu verdeutlichen, versehe ich jeden der gespiegelten Skalentöne in der rechten Hand mit einem Sextakkord. Dieser ist, anders als der Grundakkord, nicht symmetrisch. In der Inversus-Fassung der linken Hand entstehen *Quartsexakkorde:*

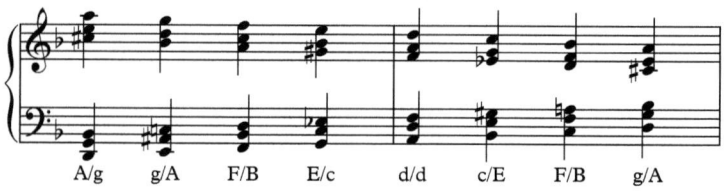

Beispiel 57

Das ist die logische Folge dessen, daß zwischen Sopran und Alt in der rechten Hand eine Quarte liegt. Die Anordnung der Stimmen dreht sich im Spiegel um: Aus dem Sopran wird der Baß, aus dem Alt der Tenor; damit wird aus der Quarte *unter* der höchsten Stimme die Quarte nunmehr *über* der tiefsten Stimme. Es ist die komprehensive Herausforderung dieser Technik, entweder Sextakkorde zu vermeiden oder sie in den Grundakkord aufzulösen:

Beispiel 58

In der rectus-Fassung sehen wir eine Cantizans-Sequenz (Fonte) mit der Bezifferung 6 -. Der Satz ist dissonanzfrei. Im Spiegel wird daraus ein Quartsextakkord, der sich in den Grundakkord auflöst. Die Strategie ist, eine *Cantizans* in eine *Acquiescens* zu verwanden und, damit verbunden, einen sich auflösenden, aber konsonanten *Sextakkord* in einen sich auflösenden, aber dissonanten *Quartsextakkord*. Dessen Quarte müsste allerdings vorbereitet sein, was im obigen Beispiel nicht der Fall ist. Richten wir unsere Aufmerksamkeit daher auf die Vorhaltsbildung. Hier ein 4-3-Vorhalt in der Komplettspiegelung (*Beispiel 59)*:

Ein Vorhalt erfüllt drei essenzielle Kriterien: er ist auf relativ unbetonter Zeit konsonant vorbereitet, wird auf relativ betonter Zeit zum Patiens und löst sich auf relativ unbetonter Zeit nach unten auf, oder besser gesagt, er wird vom Agens nach unten gedrückt oder gezogen. Wie gesagt: an der Bewegungsrichtung der Auflösung („nach unten") setzt das Problem an. Denn für den Spiegel heißt das, daß sich die Quarte *nach oben* auflöst. Im obigen Beispiel passiert das in der rechten Hand.

Das heißt: Vorhaltsbildungen (4-3, 7-6, und 9-8), Quintsextakkorde und Sekundakkorde sind ein Problem, denn der Patiens eines Vorhaltes löst sich nach *unten* auf - im Spiegel jedoch würde er nach *oben* geführt.

Der komplett gespiegelte Kontrapunkt ist also die Kunst der Vermeidung. Die Vermeidung Vorhalts aber hat viel *Difficulta* und ist nur komprehensiv zu bewältigen, denn im modellhaften ornamentalen Kontrapunkt ist der Vorhalt und seine sequenzielle Kette die Grundlage des Geschehens, sozusagen dessen Skelett! Bach und Buxtehude zeigen aber, daß es möglich ist, in kunstvoller Weise einen vorhaltsfreien oder zumindest einen vorhaltsarmen Satz zu schaffen.

Wenn wir eine dritte Simme hinzuzufügen, erhalten wir den Sequenzbaustein von Beispiel 58. E-f im Alt der rechten Hand ist dann weniger wie ein nackter, falsch geführter Quartvorhalt im zweistimmigen Satz, als eine steigende Tenorklausel im Rahmen einer Cantizans.

Beispiel 60

Eine solche Stelle finden wir bei Buxtehude:

Beispiel 61
Dietrich Buxtehude, „Mit Fried und Freud ich fahr dahin",
Contrapunctus II und Evolutio

Hier noch ein weiteres Beispiel dafür, daß Vorhaltsbildungen im Komplettspiegel eigentlich nicht machbar sind. Betrachten wir die Bezifferung 7-6:

Beispiel 62

Der Spiegel in der linken Hand ist deshalb ein Problem, weil die Septime, die der Tenor initiiert, den Baß „nach oben zieht". Wenn überhaupt, so ist daß nur daurch zu rechtfertigen, daß wir die Vorhaltskette als fingerpedalisierte einstimmige Melodie auffassen:

Beispiel 63

Wir erhalten so eine fallende Sexte, die stufenweise steigend sequenziert wird. Fassen wir diese einfache Linie als Verschränkung zweier Skalensegmente auf, (h-c und d-e), so hätten wir eine Heterolepsis, die durch das Fingerpedal zwei Satzstimmen etabliert - freilich mir der problematischen Führug der Septime auf dritter Zählzeit. Wenn wir die Konstellation umkehren, erhalten wir die vollkommen gängige Bezifferung eines steigenden Fauxbourdon, 5-6.

Beispiel 64

Ein Blick in die beiden Werkausschnitte von Bach und Buxtehude bestätigt unsere These, daß es beim vollständigen Spiegel
keine Überbindungen gibt, die Vorhaltsligaturen wären. Beispiel
61 ist bei Buxtehude die einzige Stelle. Bei Bach (Beispiel 53,
Contrapunctus 18), gibt es in auffälliger Weise gar keine Ligatur.

Der komplette Spiegel und der Ligaturstil schließen einander
aus.

Doch es sind nicht nur Vorhaltsbildungen, die es im Komplettspiegel zu vermeiden gilt. Auch so etwas ganz Selbstverständli-
ches wie die Oktavlage eines vollständigen Akkordes wird zum
Problem. Denn die Akkordquinte bildet eine Quarte zur Oberstimme (folgendes Beispiel a). Das zeigt sich besonders beim
Schlußakkord, da hier eine korrigierende Fortführung nicht mehr
möglich ist.

Normalerweise ändert die *Lage*, daß heißt der höchste Ton des
Satzes, im Generalbaß nichts an der kontrapunktischen Qualität
des Satzes. Substanziell entscheidend ist die Relation zum Baß,
nicht die Relation der Oberstimmen zueinander. Die Klausellehre
unterstützt das. Eine Cantizans ist dadurch definiert, daß die Dis-
kantclausel im Baß liegt. Die Beziehung der Oberstimmen untereinander ist flexibel. Beim Komplettspiegel aber wird die Lage
und die Beziehungen der Oberstimmen zur höchsten Satzstimme

zum entscheidenden Kriterium. Denn die Beziehung zwischen Sopran und einer Mittelstimme wird im Spiegel zur Beziehung zwischen Baß und einer Oberstimme. Das hat auch Konsequenzen für den Schlußklang:

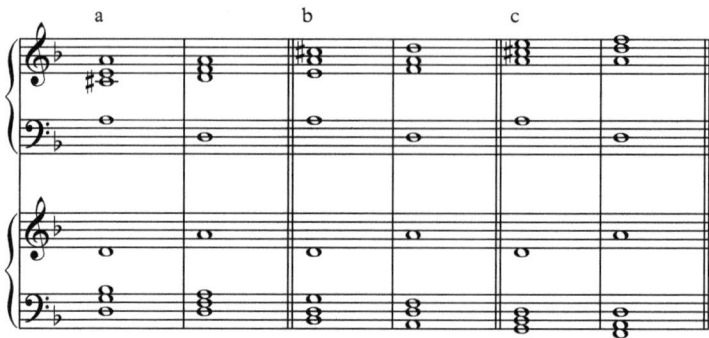

Beispiel 65

Soll er stabil sein, muß er die Bezifferung 3/5 haben. Das ist aber nur möglich in *Quintlage*. Nur sie ist um die Terz herum *symmetrisch* (Beispiel a). Alle anderen Akkordanordnungen sind asymmetrisch. Endet der Satz in Oktavlage, so muß eine der Mittelstimmen eine Quarte zum Sopran haben. In der Komplettspiegelung entsteht dann ein Quartsextakkord (Beispiel b). Endet der Satz in Terzlage, so entsteht im Spiegel ein Sextakkord (Beispiel c). Bach löst dieses Problem, indem er tatsächlich den Contrapunctus 18 der Kunst der Fuge analog Beispiel a in Quintlage enden läßt.

Beispiel 66

Buxtehude verläßt im Schlußtakt seiner *Elaboratio* den strengen Komplettspiegel und beendet den Satz kadenziell frei. Die Fassung recte endet in Oktavlage, deshalb muß die gespiegelte Fassung als Quartsextakkord enden. Die Quarte löst sich jedoch in die Terz auf und die Sexte in die Quinte. Beides ist durch die recte-Fassung nicht vorgegeben. So enden beide Fassungen mit einer Acquiescens. Die Originalgestalt D-g-D, der Spiegel A-d-A.

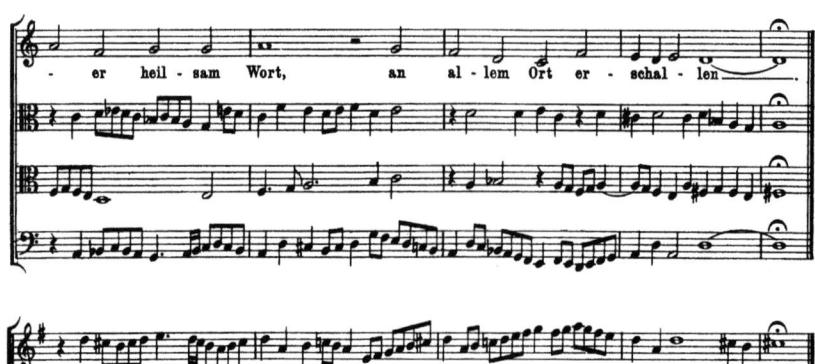

Beispiel 67

Doppelter Kontrapunkt

Buxtehude stellt in seinem Zyklus über den Trauerchoral „Mit Fried und Freud ich fahr dahin" noch eine zweite Form der, wie er es nennt, „Elaboratio" vor. Es ist der *umkehrbare* oder *doppelte Kontrapunkt*:

Beispiel 68: Buxtehude, Mit Fried und Freud ich fahr dahin,
Takt 7-10
Original und doppelter Kontrapunkt in der Oktave

Die obere Akkolade zeigt die Originalbearbeitung, die Buxtehude als „Contrapunctus I" bezeichnet. In der unteren Akkolade sehen wir deren Permutation, die Buxtehude „Evolutio" nennt. Sie besteht in einem *doppelten Kontrapunkt der Oktave*, d.h.: Der Sopran und Baß tauschen die Stimmen. Gleiches gilt für Alt und Tenor. Die *Anordnung* der vier Stimmen ist gespiegelt, nicht aber das *Melos* der Stimmen.

Wenn nun aber die Ober- zur Unterstimme wird, heißt das zwangsläufig, daß jedes Intervall zwischen den beiden Stimmen zu seinem Komplementärintervall wird. Aus Terzen werden Sexten, aus Sekunden Septimen usw.. Die Quinte wird somit zur Quarte. Aus einem konsonanten Intervall wird ein dissonantes!

Schauen wir uns das einmal abstrakt an, indem wir uns sozusagen die „Physik" der Zusammenklänge vergegenwärtigen:

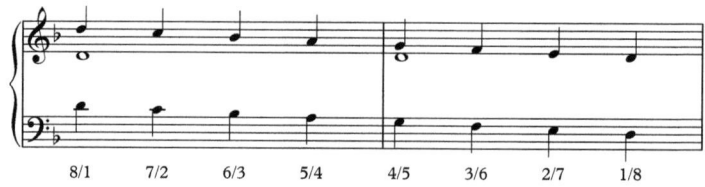

Beispiel 69

Wie wir sehen, ist hier die *Quinte* das Sorgenkind des doppelten Kontrapunkts in der Oktave. Wandert die Oberstimme nach unten, wird sie zur Quarte. Alle anderen Intervalle behalten in der Umkehrung Ihre kontrapunktische Qualität. Die vollkommenste aller Konsonanzen, die Oktave, spiegelt sich in der ebenso vollkommenen, dem Einklang. Die Septime als Patiens- Dissonanz, wird zur Sekunde mit gleicher Eigenschaft. Auch die unvollkommenen Konsonanzen, Terz und Sext, spiegeln einander.[41]

Ich möchte nun anhand eines kleinen Beispiels den Unterschied zwischen der *Difficulta* eines doppelten Kontrapunkts und einer Komplettspiegelung darstellen.

---

[41] Bach zeigt diese Technik explizit im zweistimmigen „Canone alla Ottava" (Contrapunctus 8 in der Berliner Zählung)

Beispiel 70: doppelter Kontrapunkt in der Oktav

Eine einfache Umkehrung wie diese ist nicht möglich. Die Quinte in der Fassung recte darf liegenbleiben, und die Oberstimme geht über die Quarte als leichtem Durchgang auf der vier zur Terz. Im doppelten Kontrapunkt wird aus der Quinte aber eine Quart und umgekehrt. Zwei Lösungsstrategien sind möglich. In beiden muß sich der bis jetzt liegenbleibende Ton d bewegen:

Entweder als Patiens nach unten: dann ist der untere Rahmenton der Quinte und damit der obere Rahmenton der Quarte dissonant:

Beispiel 71: Führung der dissonierenden Quint als Patiens

Oder als Agens nach oben - dann ist der obere Rahmenton der

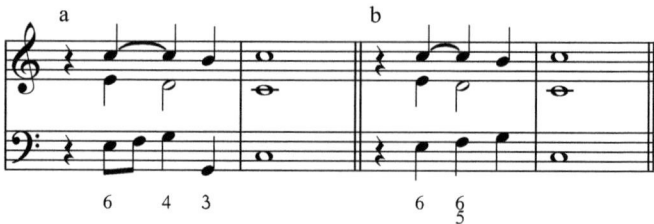

Quinte dissonant. Wir erhalten dann einen latenten Quintsextakkord. Dabei nutzen wir folgendes aus:

Beispiel 72

Beispiel a zeigt den Ton f im Baß als einfachen Durchgang e-f-g im Rahmen einer Ruggiero-Klausel. Der Durchgang steht, gemessen am Zählwert Achtel, auf relativ unbetonter Zeit. In Beispiel b schiebt sich dieser Durchgang nach rechts „unter" den Quartvorhalt. Der Baß erreicht den Ton g quasi „zu spät". Die Quarte wird im Beispiel a Patiens (c wird zum h gezogen im Sopran), und daran ändert sich auch in Beispiel b nichts . C ist also weiterhin Patiens, nur ist der Ton jetzt Quinte über dem Baß. Der obere Rahmenton der Quinte f-c ist also dissonant und der Baß wird eine Sekunde nach oben gezogen. Übertragen wir das auf das Beispiel 71, so ergibt sich daraus jener Sekundschritt nach oben, den ich eben angesprochen habe:

Beispiel 73 (die Stichnoten sind harmonische Ergänzungstöne)

So erweist sich der Sekund-Quart-Akkord als doppelter Oktav-Kontrapunkt des Quintsextakkordes.

Zusammenfassend können wir festhalten:

Die Quinte ist im doppelten Kontrapunkt der Oktave dissonant.

Der untere Rahmenton der Quinte muß im doppelten Kontrapunkt der Oktave entweder nach unten oder nach oben geführt werden. Im ersten Fall ist er Patiens, im zweiten Fall Agens.

Der Sekundakkord ist der doppelte Oktav-Kontrapunkt des Quintsextakkordes.[42]

Zurück zu dem Beispiel von Buxtehude.

---

[42] Der zweistimmige „Canon alla ottava" aus der Kunst der Fuge ist deshalb erstaunlich, weil Bach die Zusammenklangs-Quinte zwischen Dux und Comes nahezu konsequent meidet. Wenn sie dennoch erscheint, so ist sie ein ziemlich flüchtiger Moment wegen des hohen triolischen Tempos. Dann wird sie im Sinne des Quintsextakkordes bzw. Sekundakkordes geführt.

Buxtehude zeigt an diesen beiden Stellen die besprochenen Möglichkeiten der dissonierenden Quinte. Die erste Stelle, mit „a" gekennzeichnet, behandelt den oberen Rahmenton als Dissonanz. Es entsteht ein Quintsextakkord. Der obere Rahmenton der Quinte ist Patiens. Die Umkehrung darunter gewinnt daraus den Sekundakkord. Der untere Rahmenton der Quarte wird Patiens. Bei der zweiten umrahmten Stelle („b") verhält es sich umgekehrt. Hier behandelt Buxtehude in der Originalgestalt die untere Rahmenstimme der Quinte - man muß sagen „gewissermaßen" - als Patiens. Denn ein Sekundakkord mit der Bezifferung 2/5 entsteht zwar nicht - doch auch ohne daß der Baß durch einen Sekund-Agens zwangsläufig nach unten gedrückt wird, schreitet er von der Quinte unter dem Sopran in die Sexte unter dem Sopran. Im doppelten Kontrapunkt der Oktave wird daraus die Quarte und die Terz über dem Baß, also ein Quartvorhalt 4-3. Aus der Quinte wird die Quarte, aus der Sexte die Terz.

Beide Techniken, den Komplettspiegel und den doppelten Kontrapunkt in der Oktave, können wir wie folgt einander gegenüberstellen:

Der **doppelte Kontrapunkt in der Oktave** spiegelt die Anordnung der Stimmen. Das Melos bleibt in allen Stimmen in der Originalgestalt erhalten. Die Zusammenklangsintervalle werden im Spiegel zu deren Komplementärintervallen. Daher wird aus der Quinte die Quarte und umgekehrt. Die Quinte muß also als Dissonanz behandelt werden. Entweder wird deren oberer Rahmenton Patiens oder der untere. Der Quintsextakkord und der Sekundakkord sind dafür wichtige Instrumente. Beide stehen im Verhältnis des doppelten Oktavkontrapunktes zueinander.

In der **Komplettspiegelung** wird die Anordnung der Stimmen *und* das Melos gespiegelt. Die Zusammenklangsintervalle bleiben erhalten - also bleibt Quarte Quarte und Quinte Quinte. Die Verwandlung von Quarte in Quinte ist hier also nicht das Problem, wohl aber die *Anordnung* der Quarte im Satz. Wenn in der Fassung recte eine Quarte zwischen Sopran und Alt entseht, so wird daraus im Spiegel eine Quarte zwischen Baß und Tenor. Sextakkorde müssen daher vermieden oder geführt werden. Vorhaltsbildungen sind ein Problem, da der Patiens, der sich seinem Wesen gemäß nach unten auflöst, im Spiegel nach oben gedrückt oder gezogen wird. Daher sind Quintsextakkorde und Sekundakkorde, die im doppelten Kontrapunkt ein Konstituens sind, im Komplettspiegel ein Problem. Die Oktavlage eines Akkordes ist nur dann möglich, wenn die Quinte in einer der Mittelstimmen fehlt. Im Schlußakkord ist nur die Quintlage möglich.

Trompe-l'œil - Trompe-l'oreille

In der Malerei und der Architektur gibt es eine besonders raffinierte Technik der Sinnestäuschung, die als „Trompe-l'œil" bezeichnet wird. Im Wesentlichen geht es dabei um eine reizvolle Divergenz zwischen Sinneswahrnehmung und dem, was wirklich der Fall ist. Bezogen auf unser Thema heißt das, daß das kontrapunktische Raffinement dem Ohr nicht nur verborgen bleibt und sich erst dem investigativen Blick des Analytikers erschließt, sondern daß das Ohr sogar auf eine falsche Fährte gelockt wird.

In der Malerei finden wir diese Kunst, die ich dem Manierismus zuordnen würde, vor allem dann, wenn ein dreidimensionaler Raum auf einer zweidimensionalen Fläche, etwa einer Wand, vorgegaukelt wird. Wir haben das Gefühl, daß ein dreidimensionaler Raum vorhanden ist, der jedoch in Wahrheit nur gemalt ist. Man spricht auch von *Illusionsmalerei*.[43]

Was hat ein *„Trompe-l'œil"* mit der Komplettspiegelung im Kontrapunkt zu tun? Gibt es analog dazu eine Art *„Trompe-l'oreille"*?

---

[43] In der Kirche „St. Ignazio di Loyola" auf dem Campo di Marzio in Rom besteht das Deckengemälde aus einer virtuell zweiten Etage mit einem Galerie-Umlauf - doch ist diese nur auf das Tonnengewölbe gemalt. Gleiches gilt für die Zentralkuppel in der Jesuitenkirche in Wien. Diese rein dekorative Kunstfertigkeit, die auf die perplexe Überraschung des Betrachters abzielt und durchaus komische Züge tragen kann, wird nicht selten in der Darstellung eines offenen Himmels theologisch transzendiert, wie man es in der Sixtinischen Kapelle in Rom bewundern kann.

Contrapunctus 18

Um dem auf die Spur zu kommen, möchte ich beispielhaft auf ein einfaches Satzmodell zurückgreifen, eine „phantasia simplex" im Sinne Mauritius Voghts sozusagen - nämlich auf den Pachelbaß:

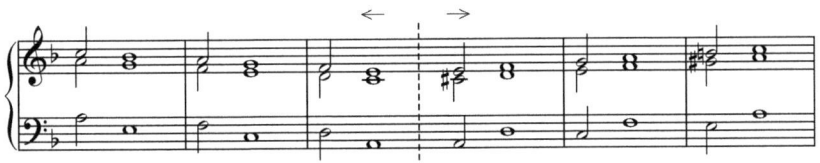

Beispiel 74
Einfacher Pachelbelbaß steigend und fallend, als Vertikalspiegel,
ohne Berücksichtigung der Rhythmik

Den steigenden Pachelbelbaß empfinden wir als Horizontal-spiegel des fallenden - das sagt uns unser Ohr und auch unser Griffgefühl am Klavier - die Originalgestalt fällt, der Spiegel steigt. Ich glaube nicht, daß wir das Gefühl haben, der Satz liefe „von hinten nach vorn". Doch ein konsequenter Horizontal-spiegel ist es nicht. Zwar ist die Melodik der einzelnen Stimmen horizontal gespiegelt, nicht aber deren *Anordnung*. Also ist es doch ein Krebs und damit ein ein *Vertikalspiegel*. Aber dann stimmt der Rhythmus nicht, denn der macht den Krebs nicht mit, sondern bleibt bei der Abfolge Halbe/Ganze. Also kann man, vom compre-hensiven Standpunkt aus betrachtet, sagen, daß beide Formen un-vollkommen sind. Das, was wir wahrnehmen, erscheint uns aber vollkommen und logisch. Das ist der Widerspruch des *trompe-oreille*. Der Vertikalspiegel ist identisch mit dem horizontalen Ein-zelstimmen-Spiegel, aber nur dann, wenn die Melodik einfach und regelmäßig ist, wie in diesem Fall der Pachelbelbaß. Ein steigender Pachelbaß als *vollständiger horizontaler Spiegel,* der die Anordnung Stimmen berücksichtigt und in allen Stimmen die Terz als Spiegelachse hat, sieht so aus:

Beispiel 75
Einfacher Pachelbelbaß als horizontaler Komplettspiegel

In ornamentierter Form erscheint diese Spiegelung bei Bach im Contrapunctus 18 der Kunst der Fuge:

Beispiel 76: Bach, Kunst der Fuge, Contrapunctus 18, Takt 11-18
Komplettspiegel des Pachelbelbasses

Ich meine aber, daß das Ohr diese Stelle nicht mit derselben Leichtigkeit und Selbstverständlichkeit als Spiegel wahrnimmt wie den in Beispiel 74 gezeigten Vertikalspiegel (Krebs). Auch ist diese konsequente Spiegelung weitaus schwerer am Instrument spontan zu realisieren als der steigende Pachelbelbaß in Beispiel 74. Wir nehmen also etwas Vollkommenes wahr, wo es gar nicht existiert - wo es aber existiert, nehmen wir es nicht wahr.

Contrapunctus 8/11

Am Contrapunctus 8 konnten wir ihm bestaunen, wie Bach durch die Kunst des ornamentalen Kontrapunkts aus einem einfachen Fauxbourdonsatz eine Fuge mit drei Themen gewinnt. Die Ornamentation der stufenweise fallenden Mittelstimmen ist heteroleptisch. Sie entspricht dem Thema der Kunst der Fuge all'inverso, diminuiert in Vierteln.

Das folgende Beispiel zeigt, wie Contrapunctus 11 diese Konstellation spiegelt. Diese Spiegelung ist nicht streng, sondern hat einige Lizenzen. Sie bezieht sich auf die einzelnen Stimmen, aber nicht auf deren Anordnung im Satz. Diese ist im Contrapunctus 11 relativ frei. Aber auch die Melodik des zweiten Themas ist nicht streng gespiegelt:

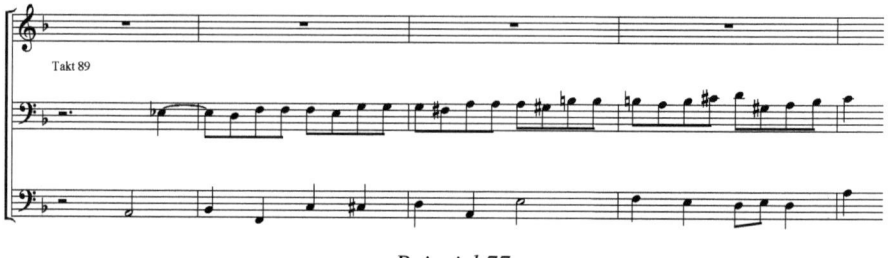

Beispiel 77

Unsere Aufmerksamkeit ist überhaupt nicht auf die Stellen gerichtet, die von der strengen Spiegelung abweichen. Der Spiegel scheint vollkommen organisch zu sein, und unser Ohr hat keine Mühe, ihn sogleich zu erkennen. Das liegt an der Eindeutigkeit der Bewegungsrichtungen. Aus der Sequenz, die im Original stufenweise fällt, wird eine, die steigt. Auch der artikulierte Terzfall in der Originalgestalt, der auf den jeweiligen Einsen der Takte erscheint, wird hier zu einem Terzstieg (siehe die jeweiligen Auftakte im Baß:) Cantizans nach B, Cantizans nach d, Occulta nach F). Werfen wir einen Blick auf die vollständige dreistimmige Version. In Takt 145 tritt das dritte Thema hinzu. Mein Ohr hat längst die Spiegelung und damit die Spiegelfuge verstanden.

Beispiel 78

Worin bestehen nun die Lizenzen? Dazu noch einmal zurück zu Beispiel 77. Der Baß spiegelt die Fassung recte im *Oberquintmodus*. Der Alt jedoch spiegelt das zweite Thema recte im *Unterquintmodus*. Jede Stimme hat also ihr eigenes Spiegelungsintervall. Auch die Motivik des zweiten Themas spiegelt nicht Intervall für Intervall. Innerhalb der Gruppe von vier Achteln heißt es in der recte-Fassung: Terz runter, Sekunde rauf. All'inverso aber heißt es: Sekunde runter, Terz rauf. Das ist an sich die richtige Abfolge der Intervalle, jedoch stimmt der Ansatz nicht: es müßte mit der steigenden Terz beginnen und nicht mit der fallenden Sekunde. Kontrapunktisch ist es sehr organisch, mit der fallenden Sekunde zu beginnen, denn sie ist *Patiens,* der sich auf *Achtelebene* nach unten auflöst. Dieser Vorhalt wird stufenweise steigend sequenziert und muß vorbereitet werden. Ich zeige das in folgendem Beispiel an einem steigenden Fauxbourdon. Man sieht, daß die Melodik des zweiten Themas organisch in dieser steigenden Sequenz in der Oberstimme vorkommt. Das nutzt Bach aus.

Beispiel 79

In Beispiel 77a sehen wir, daß in der Originalgestalt der Vorhalt sich auf *Viertelebene* auflöst. Im ersten Takt ist das Gis nur eine ornamentale Umspielung des Auflösungstones a.

Die intervallische Lizenz in der Achtelgruppe hat also zwei Gründe: Erstens wird die Vorhaltsauflösung erhalten, und zweitens wechselt der *integer Valor* des Vorhaltes von Viertel auf Achtel. Das ist der Motor für die steigende Sequenz. Die Phantasia simplex der Oringinalgestalt ist ein Fauxbourdonsatz mit 7-6 auf Viertelebene. Durch die Lizenz: fallende Sekunde statt steigender Terz ändert sich der Integer Valor des Horizontalspiegels von Viertel auch Achtel. Der *Quartvorhalt* ist hier der Baustein.

So sähe der strenge und lizenzfreie Komplettspiegel aus:

Beispiel 80

Darum hat Bach die steigende Terz am Anfang einer jeden Vierergruppe durch eine fallende Sekunde ersetzt. Die Nonen (Takt 1 auf drei, Takt 2 auf 1, Takt 2 auf 3) werden viertelweise nach oben geführt. Man könnte das als *Retardatio* deuten, als verzögertes Portament. Doch ändert diese Rechtfertigung nichts daran, daß die Stelle so klanglich nicht funktioniert.

Giovanni Maria Buononcini beschreibt in seiner Kontrapunktlehre, wie eine, wie er es nennt, *„fuga regolare e perfetta"*, eine „regelrechte und perfekte Fuge", beschaffen sein muß.[44] Ein wesentliches Kriterium ist das, was wir heute „tonale Beantwortung" nennen: die intervallische Flexibilität des Comes im Verhältnis zum Dux. Aus Quarten werden Quinten, aus Sekunden werden Terzen und umgekehrt. Das Thema erhält so die Möglichkeit, sich durch verschiedene tonale und kontrapunktische Situationen elegant zu bewegen und selbst sich einer starren tonalen Zuordnung zu einer Tonika zu entziehen.

Die *Fuga regolare* Buononcinis ist also ein wichtiges Charakteristikum der *Fuga sciolta,* der „lockeren Fuge". Eine *Fuga legata,* ein Kanon, funktioniert so jedoch nicht. Er ist darauf angewiesen, den die Melodik des Dux wörtlich zu übernehmen. Unser Ohr aber nimmt die intervallischen Veränderungen als vollkommen organisch wahr. So ist es auch bei diesem Beispiel, im Kontext der Spiegelfuge. Der Grund, warum Buononcini solche Lizenzen nicht als Abweichungen von etwas Vollkommenem sondern als das *Vollkommene selbst* beschreibt, liegt darin, daß die Lizenzen den ornamentalen Kontrapunkt, der auf einer Phantasia simplex beruht, ermöglichen. Unser Ohr empfindet die daraus gewonnenen Ver-

---

[44] Giovanni Maria Bononcini: *Musico Prattico che brevemente dimostra il modo di giungere alla per- fetta cognizione...*, Bologna 1673

hältnisse der Stimmen untereinander, wie die oben dargestellte Vorhaltsbildung, als vollkommen orgnisch und modellhaft vertraut.

Mit anderen Worten: Die Lizenzierungen bedeuten, daß hier der ornamentale Anteil größer ist als der comprehensive. Es bedeutet aber auch, daß auch hier ein Konfliktfeld besteht zwischen Wahrnehmung und kontrapunktischer Strenge. Es sind die Lizenzen, die es uns ermöglichen, einen strengen Spiegel wahrzunehmen, der eigentlich gar nicht da ist. Das *trompe-oreille* besteht in einer s*chein-comprehensiven Strenge,* die uns die Spiegelung vermittelt.

Der Weg vom Contrapunctus 8 zum Contrapunctus 11 endet mit einem Doppelpunkt. Es stellt sich nämlich die Frage, ob eine strenge Komplettspiegelung in allen Stimmen, die sich immer und immer wieder andeutet, die sich das Werk sozusagen selbst abringt, überhaupt möglich ist. Die Antwort ist in den Contrapunctus 17 und 18 gegeben. Sie sind offenkundig der Fluchtpunkt der kontrapunktisch-formalen Bewegung der Kunst der Fuge, die den Spiegel zum Thema hat. Auf den vollständigen Spiegel hält der Weg, den die Kunst der Fuge bis hierhin zurückgelegt hat, zu. Das ist das dicht geknüpfte Entwicklungsband, das die Kunst der Fuge von einer exemplarischen Lehrwerks-Sammlung zu einem formal kohärenten Zyklus erhebt. Der letzte, unvollendete Contrapunctus 19 aber würde nur angehängt sein und so diese zentralperspektivische Anlage runinieren. Ohne Frage ist der Schluß spektakulär: während der Tripel- (oder Quadrupel-Fuge), die das Anagramm B-A-C-H implementiert, wird im Moment der Themenvereinigung der Meister abberufen: „Vor deinen Thron tret ich hiermit". Das ist von theatralischer Wirkung und steht in der Nachfolge spätromantischer Bach-Glorifizierung im Geiste Albert Schweitzers. Auch wenn auf den ersten Blick es weniger effektvoll ist, mit dem Contrapunctus 18 in offener quintlage zu enden: weniger berührend ist es nicht, ganz im Gegenteil. Man muß nur bereit sein, die Kunst der Fuge nicht trotz, sondern wegen ihrer Strenge als Trauergesang zu verstehen und zu empfinden. Ich werde darauf später zurückkommen.

Widerstand und Verfeinerung

Warum gab es ganz offensichtlich über Jahrhunderte hinweg das geradezu sportlich anmutende Bestreben, möglichst viele Schwierigkeiten in der Kunst, in unserem Falle der Musik, anzuhäufen und sie in einer Weise zu bewältigen, daß man die Komplexität des Satzes eigentlich gar nicht mit den Sinnen wahrnehmen kann - oder jedenfalls nicht direkt, sondern erst nach eingehendem Studium? Die Schwierigkeit scheint sich gern zu verbergen, das ist ihr scheues Wesen: entweder hinter der Mühelosigkeit einer Phantasia simplex oder hinter der papiernen Virtuosität eines Komplett- oder Vertikalspiegels.

Einen Aspekt zur Beantwortung dieser Frage habe ich schon erwähnt, in Form eines Zitates von Pico della Mirandola (siehe S. 21). Rufen wir uns den Abschnitt aus dessen *„Rede über die Würde des Menschen"*[45] noch einmal in Erinnerung, aus dem hervorgeht, daß Gott den Menschen als einzigem Wesen der Schöpfung die Gabe der *Eigenschaftslosigkeit* zugedacht habe, aus dem sein Streben nach Gottähnlichkeit erwachse: *„So nahm er den Menschen als ein Werk unbestimmter Art auf, stellte ihn in die Mitte*

---

[45] Pico della Mirandola, Oratio de hominis dignitate, Erstausgabe Bologna 1496

der Welt und sprach zu ihm wie folgt: «Dir, Adam, habe ich keinen bestimmten Ort, kein eigenes Aussehen und keinen besonderen Vorzug verliehen, damit du den Ort, das Aussehen und die Vorzüge, die du dir wünschest, nach eigenem Beschluss und Ratschlag dir erwirbst. Die begrenzte Natur der anderen ist in Gesetzen enthalten, die ich vorgeschrieben habe. Von keinen Schranken eingeengt sollst du deine eigene Natur selbst bestimmen nach deinem Willen, dessen Macht ich dir überlassen habe. Ich stellte dich in die Mitte der Welt, damit du von dort aus alles, was ringsum ist, besser überschaust. Ich erschuf dich weder himmlisch noch irdisch, weder sterblich noch unsterblich, damit du als dein eigener, gleichsam freier, unumschränkter Baumeister dich selbst in der von dir gewählten Form aufbaust und gestaltest. Du kannst nach unten in den Tierwesen entarten; du kannst nach oben, deinem eigenen Willen folgend, im Göttlichen neu erstehen.[46]"

Das ist das Streben des Renaissance-Menschen, und damit meine ich nicht den zeitlich begrenzten Rahmen der Renaissance, sondern eine metahistorische Veranlagung, eine Epochen-unabhängige Mentalität. Das Ziel, das Mirandola formuliert, ist freilich nur dadurch zu erreichen, daß ein *Widerstand* in den Schaffensprozeß implementiert wird. Der Schaffende selbst schafft sich diesen Widerstand - denn er hat die Wahl, das zu tun oder zu lassen. Bach hat sich zeitlebens dafür entschieden, Händel dagegen.

Es geht also darum, *trotz* dieses Widerstandes eine Musik zu schreiben, die schön klingt, oder, anders gesagt, den Widerstand so zu beherrschen, daß noch eine (wie auch immer geartete) Schönheit möglich ist.

---

[46] Pico, a.a.O., Übersetzung von Dora Baker, Verlag am Goetheanum, 1983

Michelangelo hätte seine *Pieta* oder seinen *Moses* auch aus weichem Ton modellieren können, mit jederzeitiger Möglichkeit von Korrekturen. Doch er schuf diese wunderschönen Skulpturen aus Carrara-Marmor, dessen Härte, um Horaz zu zitieren, „aere perennius" ist, dauerhafter als Erz. Für jemanden von etwas schwächerer Konstitution ist es kaum möglich, mit Hammer und Meißel auch nur eine Ecke wegzuschlagen, geschweige denn dafür zu sorgen, daß das kontrolliert geschähe. Und dennoch, trotz dieses enormen Widerstands allein durch das Material, steht die Pieta in ihrer ganzen atemberaubenden Schönheit vor uns. Wer weiß, ob das Michelangelo gelungen wäre, wenn er den Weg eines geringeren Widerstandes gegangen wäre?

Ein anderes, leicht nachvollziehbares Beispiel ist das Fresco. Auch hier gab es keine Korrekturmöglichkeit, die Farbe mußte auf den noch feuchten Mauerputz aufgetragen werden, der dann sofort durch Einwirkung von Hitze, also offenem Feuer, zur Trocknung gezwungen werden mußte, um dann die Farbe einzuschließen. In der Sixtinischen Kapelle hat Michelangelo neben dem Feuer hängend in schwindelerregender Höhe arbeiten müssen, über Wochen. Auch wenn das vielleicht ein schwaches Beispiel ist (denn hier scheint es doch so, als seien es die alternativlos widrigen Umstände, die den Widerstand erzeugen, und nicht die Wahl des Künstlers selbst), so haben die Maler doch immer wieder die Kunstform des *buon fresco* gesucht und mit ihm die dauerhafte Verschmelzung mit der Wand. Viel dauerhafter jedenfalls als die technisch einfachere *Seccotechnik,* das auf die trockene Wand aufgetragen wurde, aber nicht lange hielt.

Einen ähnlichen Vergleich hat Bach angestellt, als er den neuen, galanten Stil als „preussisch Blau, das verschiesst" bezeichnete. Ein Vergleich zur Porzellanherstellung, den der Meister seinen Söhnen gegenüber anstrengt, um zu verdeutlichen, daß der neue

Geschmack nicht lange währen wird. Denn „preussisch Blau" wurde auf das schon erkaltete Porzellan aufgetragen und war von minderer Qualität. Es blich schnell aus, was man „verschiessen" nannte. Das hochwertige Porzellan-Blau aber wurde eingebrannt, und das ist eine weitaus schwierigere und anspruchsvollere Technik, die dafür aber auch geradezu unbegrenzt haltbar ist. Bildlich gesprochen weist Bach der Kunst des komplexen Kontrapunktes (im Gegensatz zum galanten Stil) den eigentlichen Wert zu, der ihn *„aere perennius"* macht, dauerhafter als Erz. Daher scheint mir die Überwindung der Vergänglichkeit eine wichtige Triebfeder zu sein, trotz eines bewußt installierten Widerstandes Schönheit zu erschaffen. Das Bewußtsein aber, daß Kronos, die unaufhörlich tickende große Weltenzeit, letztlich doch seine Kinder frißt und damit uns alle der Vergänglichkeit anheim fallen läßt, öffenet die Tür für eine große Trauer. Sie ermöglicht es, sich durch das Werk im Moment des Schaffens über die Vergänglichkeit hinwegzusetzen, der Goethe im *Chorus mysticus* am Schluß des Faust II „Gleichnishaftes" zuspricht, wenn das „Unbeschreibliche getan ist". So hätte der große Widerstand, der harte Marmor oder die große Hitze im Kampf gegen den triefenden Putz, oder eben die Komplettspiegelung, eine geradezu *eschatologische* Qualität. Doch seine Eternität vermag unsere Endlichkeit nicht außer Kraft zu setzen. Der Sieg des Werkes und seines Schöpfers, unseres zu großer Spekulation fähigen Geistes, über die Vergänglichkeit, ist ein Pyrrhus-Sieg.

Das ist jedoch nur ein Aspekt. Das Klischee des Künstlers, der Widerstände überwindet um dann in den Parnass der Unsterblichkeit einzuziehen, erklärt nur unvollkommen, warum es diese Ebene des Komplexen gibt, die jenseits der sinnlichen Wahrnehmung eine, wie es scheint, außerordentlich bedeutsame Existenz führt.

Es ist interessant, daß, historisch gesehen, der Ebene des Scopos ebenso viel oder sogar noch mehr Bedeutung beigemessen wurde wie der Ebene der sinnlichen Wahrnehmung. In der italienischen Renaissance gibt es Texte, die darauf hinweisen, daß das Verborgene, das unter der sinnlichen Wahrnehmungsoberfläche liegt, dennoch wahrnehmbar sei. Das geschieht, indem sich die Sinne unendlich verfeinern. Diese Verfeinerung und Übersteigerung der Wahrnehmung wird dem Paradies zugeordnet, einer jenseitigen Sphäre also, die uns von der Last sinnlicher Unvollkommenheit befreit. Die Kunst ist dazu die Eingangstür, eine Art „irdischer Vorahnung". Baxandall führt zu diesem Thema zahlreiche historische Quellbelege an.[47] Bartholomäus Rimbertinus unterscheidet in seiner Schrift „*De deliciis sensibilibus paradisi*" (Über die sinnlichen Freuden des Himmels, Venedig, 1498) drei Arten der Verfeinerung unserer irdischen visuellen Erfahrung: die größere Schönheit der gesehenen Dinge, die größere Feinheit des Sehsinnes und eine unendliche Vielfalt dessen, was gesehen werden kann. Natürlich ist es naheliegend, das auf die Musik und damit auf das Gehör zu übertragen.

Ein Text des Theologen und Humanisten Celso Maffei hat den gleichen Titel wie die Schrift von Rimbertinus, und ist sechs Jahre später in Verona erschienen. Auch hier hat der Autor die jenseitige paradiesische Vision, daß unsere Sinne Dinge wahrnehmen können, die ihnen im Diesseits verborgen bleiben: „*Das Sehen wird so fein sein, daß die geringsten Farbunterschiede und Formabweichungen erkennbar werden, und es wird weder durch Entfernung*

---

[47] Baxandall, a.a.O. S. 128-131

noch durch das Dazwischentreten fester Körper aufgehalten werden."

Ich glaube man kann die Kunst gewissermaßen als „Vorwegnahme" dieses paradiesischen Zustandes begreifen. Das setzt aber voraus, daß in der Kunst Dinge existieren, die sich unserer Wahrnehmung entziehen! Das damit verbundene Geheimnis erschließt sich uns durch Studium und Übung. Die daraus gewonnene Erkenntnis ist nicht etwas, was im Widerspruch steht zu den Sinnen, sondern deren Ergänzung und Perfektionierung ist und auf das Paradies verweist.

Werfen wir einen Blick in eine weitere Quelle aus dem 15. Jahrhundert. Der Humanist Petrus Lacepiera unterscheidet in seiner Schrift *„Libro de locchio morale et spirituale"*, erschienen in Venedig im Jahre 1496, zwei Arten des Sehens: Das sinnliche Auge, das rein perzeptiv tätig ist und erschaut, was offensichtlich existiert, und das moralische und geistige Auge, das erschaut, was verborgen existiert. Es ist in der Lage, die moralische und geistige Bedeutung des Gesehenen ebenso *wahrzunehmen,* wie unser Auge das Licht wahrnehmen kann. Es geht also um *Wahrnehmung,* nicht um *Exegese.* Ich zitiere das von Baxandall angeführte Exzerpt, in der von der Zentralperspektive die Rede ist. Dieser liegt ja an sich schon ein mathematisches Prinzip zugrunde, das nur Eingeweihten zugänglich ist, wie es der Maler und Mathematiker Piero della Francesca ausführlich darstellt.[48] Aber das ist nur die erste Schicht des Vorborgenen, sozusagen das *technische* Geheimnis, das Geheimnis technischer Meisterschaft, mit anderen Worten, die Antwort auf die Frage: *„Wie ist das gemacht?"* Im Kontrapunkt ent-

---

[48] *De prospectiva pingendi* (Von der Perspektive in der Malerei), 3 Bde. Hrsg. von G. Nicco-Fasola, Florenz 1984

spricht das dem, was ich zuvor beschrieben habe: Wie ist eine Fuge gemacht, wie ein Kanon oder ein Spiegel? Die zweite Schicht des Verborgenen stellt die Frage: *„Wie ist das gemeint?"*. Aber das ist, wie gesagt, nicht als hermeneutische Deutung zu verstehen, jedenfalls nicht mit dem Blick der Zeit, sondern als Kultivierung, als Ausbildung gewissermaßen eines weiteren Sinnesorgans. Im Fall Lacepieras ist es das dritte Auge, das moralische und geistige Auge; bei uns wäre es das „dritte Ohr", eine Art „erweitertes Gehör", das allerdings verkümmert, wenn wir es nicht durch Exerzitien immer wieder neu ausbilden.

Lassen wir Lacepiera zu Wort kommen, der verschiedene „Wunder des Sehens" beschreibt. Deren elftes lautet: *„ Es ist durch die Wissenschaft der Perspektive bewiesen, daß man sich über die räumliche Ausdehnung oder Größe des gesehenen Gegenstandes nicht sicher sein kann, wenn man direkter Strahlen oder Sichtlinien beraubt ist. Andererseits kann man seine Größe sehr genau feststellen, wenn man ihn auf direkten Sichtlinien sieht. Ähnlich können wir eine Sünde erkennen und uns ihr relatives Ausmaß vor Augen führen, indem wir von einem Menschen ausgehen, der direkt und mit dem Auge der Vernunft auf die Sünde blickt. Der Sünder jedoch erkennt nicht den genauen Grad des Irrtums seiner Sünde, er erblickt ihn nicht in einer direkten Sichtlinie. "* Dieser Text ist genau in der Zeit entstanden, in der Leonardo da Vinci sein berühmtes *Abendmahl* malte. Der Fluchtpunkt, in dem sich alle zentralperspektivischen Linien treffen, liegt ziemlich präzise hinter der Stirn Christi. Bei Massacios *„Zinsgroschen"* in S. Maria del Carmine in Florenz ist das auch so. Die Deutung fällt leicht, wenn man Text von Lacepiera kennt. Unsere Sünden werden kleiner und verschwinden schließlich, denn Christus inkarniert deren Vergebung. So gesehen wäre die Zentralperspektive die Visualisierung der Rechtfertigungslehre. Kennen wir diesen Hintergrund, so wird es unsere Aufmerksamkeit beim Betrachten des Bildes fordern und damit unsere sinnliche Wahrnehmung intensivieren. Auf diese Weise haben wir - vielleicht - unser „drittes", moralisches und geistiges Auge trainiert. Die *perfecta cognitio* des Augustinus hätte dann unsere *perfecta delectatio* befördert. Das technische Geheimnis, die erste Schicht des Verborgenen, ist hier die mathematische Bewältigung des zentralperspektivischen Kegels, dessen Linien sich in einem Flucht- oder Augpunkt treffen. Hiermit wäre die Frage: „Wie ist das gemacht?" hinreichend beantwortet. Die zweite Schicht des Verborgenen sucht die Antwort auf die Frage: „Wie ist das gemeint?", betrifft also die Bedeutung und den Sinn. Ein wichtiger Hinweis dafür ist der *Ort* des Fluchtpunktes hinter der Stirn Christi. Eine dritte Schicht ist die Verbindung zur Rechtfertigungslehre und damit zur Vergebung der Sünden - also die theologische und heilsverkündende Exegese.

Das exegetische oder analytische Organ auszuformen ist eine *aktive* Form der Wahrnehmung. Schiller beschreibt das in seinem Aufsatz *„Über die nothwendigen Grenzen beim Gebrauch schöner Formen"* so:

„Wenn wir *erkennen*, so verhalten wir uns *thätig*, und unsere Aufmerksamkeit ist auf einen *Gegenstand*, auf ein Verhältniß zwischen Erscheinungen und Vorstellungen gerichtet. Wenn wir *empfinden*, so verhalten wir uns *leidend*, und unsere Aufmerksamkeit (wenn man es anders so nennen kann, was keine bewußte Handlung des Geistes ist) ist bloß auf unsern *Zustand* gerichtet, insofern derselbe durch einen empfangenen Eindruck verändert wird. Da wir nun das Schöne bloß empfinden und nicht erkennen, so merken wir dabei auf kein Verhältniß desselben zu andern Objekten, so beziehen wir die Vorstellung desselben nicht auf andere Vorstellungen, sondern auf unser empfindendes Selbst. An dem schönen Gegenstand erfahren wir nichts, aber von demselben erfahren wir eine Veränderung unsers Zustands, davon die Empfindung der Ausdruck ist. Unser Wissen wird also durch Urtheile des Geschmacks nicht erweitert, und keine Erkenntniß, selbst nicht einmal von der Schönheit, wird durch die Empfindung der Schönheit erworben. Wo also Erkenntniß der Zweck ist, da kann uns der Geschmack, wenigstens direkt und unmittelbar, keine Dienste leisten; vielmehr wird die Erkenntniß gerade so lange ausgesetzt, als uns die Schönheit beschäftigt."[49]

Es ist also die *Erkenntnis,* die uns den Gegenstand tatsächlich wahrnehmen läßt, während die *Empfindung* mehr mit uns selbst zu tun hat hat als mit dem Werk. Schiller hat diesen Text 1795 geschrieben, daher können wir davon ausgehen, daß er die *Empfindsamkeit* seiner Zeit meint. Diese war, ich erwähnte es bereits, ein ganz und gar subjektives Phänomen, ganz im Gegensatz zur hochbarocken Affektenlehre, die ein objektives Phänomen war. Diese Subjektivität der Empfindsamkeit wird von Schiller klar angesprochen (wir verhielten uns „leidend", schreibt er, unser Blick sei nur auf „unseren Zustand gerichtet") und von der *Erkenntnis* abgesetzt.

Ich denke, wir können die Gedanken Schillers in dem Begriffspaar *Empfindungsoberfläche* und *Erkenntnistiefe* zusammenfassen.

---

[49] Friedrich Schiller, *Über die nothwendigen Grenzen beim Gebrauch schöner Formen,* erschienen in: Schillers Sämmtliche Werke, Band 4, J. G. Cotta'sche Buchhandlung, Stuttgart 1879)

Das verfeinerte, „paradiesische" Organ bei Lacepiera, Rimbertinus und Maffei entspräche so der Erkenntnistiefe bei Schiller, das sinnliche Organ der Empfindungsoberfläche.

Die Empfindungsoberfläche ist direkt, sinnlich und passiv, da uns die Gefühle überkommen, ohne daß wir etwas dafür oder dagegen unternehmen können oder müssen. Die Erkenntnistiefe hingegen ist indirekt, geistig und aktiv, da wir uns den Scopos erarbeiten müssen.

Es war über einen langen Zeitraum vollkommen selbstverständlich, daß es diese beiden Wahrnehmungsformen von Kunst gab. Dabei scheint es fast so, daß die comprehensive, verborgene oder gar rätselhafte Ebene, die geistige Instanz also, einen höheren Stellenwert hatte als die sinnliche. Im „Tod in Venedig" von Thomas Mann läßt Aschenbach in einem inneren Monolog Sokrates beides zu einer Ebene vereinen: „Die Schönheit ist […] die einzige Form des *Geistigen,* welche wir *sinnlich* empfangen, sinnlich ertragen können."[50]

Die Erkenntnis ist die *Vertikalattraktion* der Sinne.[51] Durch sie ist es möglich, die paradiesische Sinnesverfeinerung vorwegzunehmen, die keine passive Gnosis ist, sondern ein *aktiver* Vorgang - eine Belohnung vorangegangener Arbeit.

---

[50] Thomas Mann, Die Erzählungen, Fischer Taschenbuch, Frankfurt/Main 1986, S. 547

[51] Begriff von Peter Sloterdijk. Siehe hierzu: Peter Sloterdijk, *Du musst dein Leben ändern,* Suhrkamp, Frankfurt/Main 2012

4. Spiegel und Träne

Die Frage ist nun, wie jene „zweite Schicht des Verborgenen" in Bezug auf den *Spiegel* aussieht. Gibt es in der Kunst im Allgemeinen und in der Musik im Besonderen einen Scopos der Spiegelung, der eine spezielle Bedeutung hat und unser „drittes Ohr" herausfordert?

Caravaggio, Narziss, 1598/99, Galleria nazionale d'Arte Antica, Rom)

Zunächst einmal ist es die Natur des Spiegels, ein visuelles Phänomen zu sein. Dieses Phänomen übertragen wir auf die Musik, genauer gesagt, auf die grafische Darstellung des Notenbildes. Gemessen am *klingenden* Medium Musik ist das schon eine Abstraktion.

Die zweite Frage ist, welche *Bedeutung* ein Spiegel hat. In der bildenen Kunst kennt man die Abbildungen des *Narziss*, der sich in sein gespiegeltes Ebenbild verliebt. Das wohl berühmteste und beeindruckendste Gemälde ist das von Caravaggio (links).

Der entscheidene Punkt ist hier, daß der Spiegel eine *Selbstbe-spiegelung* impliziert. Die mythologische Figur des Narziss ist dafür geeignet, denn hier ist es die gemalte Gestalt selbst, die sich im Spiegel betrachtet. Wir, als Betrachter der Szene, sind Zeugen, also gewissermaßen Voyeuristen dieser Szene.

Parmigianino, Selbstporträt im konvexen Spiegel (1523/24), Kunsthistorisches Museum Wien

Eine weitere Möglichkeit ist, daß der Künstler sich selbst im Spiegel porträtiert. Stehen wir aber vor dem Gemälde, so schlüpfen wir automatisch in die Rolle des Malers und erhalten sein Anlitz. Das Gemälde selbst ist der Spiegel. Dieser Spiegel aber hat keine glatte Fläche, wie wir das heute als selbstverständlich hinnehmen, sondern ist konvex gekrümmt. Ein solches Porträt anzufertigen zeugt von hoher Kunstfertigkeit, die der eines Komponisten, der sich an einen Komplettspiegel heranwagt, in nichts nachsteht. Das Gemälde „*Selbstporträt im konvexen Spiegel*" von Parmigianino ist dafür ein schönes Beispiel aus dem italienischen Manierismus des 16. Jahrhunderts.

Jan v. Eyck,
Arnolfini-Hochzeit (1434),

Das Gemälde „*Die Arnol-fini-Hochzeit*" von Jan v. Eyck hat neben vielen Symbolen niederländischer Malerei eine Besonderheit. Zwischen den beiden Eheleuten hängt ein Spiegel an der Wand, der auf uns als Betrachter der Szene gerichtet ist, uns also spiegelt. Wir werden zum Teil der Szene.

Auch dieser Spiegel ist konvex gekrümmt. Anders als beim Selbstporträt des Parmigianino werden wir nicht virtuell zum Maler, sondern wir bleiben wir selbst. Die im Spiegel reflektierten sind so klein und in gewisser Weise abstrakt dargestellt, daß jeder sich in ihnen sehen kann. Wir als Betrachter „steigen" in die Szene hinein, so wie Alice durch den Spiegel in ihr Wunderland steigt. Wir werden von den Eheleuten Arnolfini angeschaut als jemand, der sich in ihrem privaten Gemach befindet und vom Spiegel refektiert wird.

Einen gleichen Effekt hat das Gemälde „*Las Meninas*" von Diego di Velasquez. Die Schranke zwischen der virtuellen Welt der dargestellten Figuren und unserer realen Welt ist durchbrochen. Nicht wir schauen die Figuren an, sondern sie schauen uns an. Und der Maler, Velasquez selbst, scheint uns zu malen.

Las Meninas, 1656,
Öl auf Leinwand,

In dem Gedicht „Archaischer Torso Apollos" von Rainer Maria Rilke heißt es:„…Denn da ist keine Stelle, die dich nicht sieht…"

Jede Stelle der Skulptur sieht uns. In der Kunst nehmen nicht nur wir das Kunstwerk wahr, sondern werden, gespiegelt, selbst zu Wahrgenommenen durch das Werk. Das bedeutet, daß der Spiegel tief im Wesen der Kunst selbst liegt. Wird er durch die Könner-schaft des Künstlers entfaltet, wird letztlich nur etwas freigelegt, was sowieso schon vorhanden ist. Die Aristotelischen Kategorien von *Agens* und *Patiens*,[52] von Handlung und Reaktion, in unserem Fall also von spiegeln und gespiegelt werden, von anschauen und angeschaut werden, verschwimmen.

---

[52] Aristoteles, *Organon:* Agens und Patiens sind die 9. und 10. *Legomena* der *Kategorien:* ποιειν (lat. actio): „Wer tut etwas?"; πασχειν (lat. passio): „Wer erleidet etwas?"

Kehren wir noch einmal zurück zum „Selbstporträt im konvexen Spiegel" des Parmigianino und zum konvexen Spiegel der „Arnolfini-Hochzeit" van Eycks. Der Grund dafür, daß die Spiegel in dieser Zeit stets gekrümmt dargestellt wurden, ist zunächst ein rein technischer. Es war im 15. und 16. Jahrhundert nicht möglich, ebene Spiegel herzustellen. Der Spiegel wurde wie eine Glaskugel gefertigt, also unter Gluthitze geblasen, und dann, noch in glühen-

dem Zustand, mit Metalllegierungen versehen. Anschließend wurde diese Kugel geteilt. Diese Teile wurden so zu konvexen Spiegelflächen. Was uns also wie eine manirierte und auf reine Virtuosität angelegte Kunstform vorkommen mag, war angesichts des Erfahrungshorizontes der Menschen eine Abbildung einer alltäglichen

Jan v. Eyck, Arnolfini-Hochzeit (1434), National Gallery, London, Detail

Erfahrung. Sie haben sich, sollten sie überhaupt im Besitz eines Spiegels gewesen sein, immer verzerrt gesehen, gespiegelt auf einer gekrümmten Oberfläche.

- Ein gekrümmter Spiegel aber erinnert an eine Träne. -

In der Malerei werden häufig Tränen in dieser stilisierten Form dargestellt. Sie wirken dann wie kleine Halbkugeln, die das Licht spiegeln. Wir finden diesen Topos der Träne häufig bei Darstellungen der Schmerzensmutter, der *Mater dolorosa*. Hier wird die Mutter Maria dargestellt, die die Leiden ihres Sohnes beweint. Das Tafelbild links aus dem späten 15. Jahrhundert stammt von Hans Hohlbein dem älteren.

Hans Hohlbein der ältere, Maria als Schmerzensmutter (1491)

Diese Marienstatue von Pedro de Mena aus dem 17. Jahrhundert ist aus Holz und die konvexe Tränenkugel aus Glas. Fast schon künstlich liegt sie auf der Wange.

Pedro de Mena (1628-1688),
Schmerzensmutter

Bildnachweise

Albrecht Dürer
Melencolia 1
Biblioteca Digital Hispánica

Jan van Eyck
Arnolfini-Hochzeit
National Gallery London
Quelle: http://www.nationalgalleryimages.co.uk/

Diego Velázquez
Las Meninas
Museo del Prado, Madrid

Caravaggio
Narziss
Galleria Nazionale d'Arte Antica, Rom

Pedro de Mena
Schmerzensmutter
Quelle: https://s-media-cache-ak0.pinimg.com/originals/b9/aa/f0/b9aaf0b08d4f0b4cae108b764d38c16d.png

Parmigianino
Selbstproträt im konvexen Spiegel
Kunsthistorisches Museum, Wien

Hans Holbein der Ältere
Maria als Schmerzensmutter
Gemäldegalerie Berlin